高校财务管理绩效评价研究

吕素昌　孙永杰　徐娜娜　著

北京工业大学出版社

图书在版编目（CIP）数据

高校财务管理绩效评价研究 / 吕素昌，孙永杰，徐娜娜著. — 北京： 北京工业大学出版社，2020.4（2021.5重印）
ISBN 978-7-5639-7419-1

Ⅰ．①高… Ⅱ．①吕… ②孙… ③徐… Ⅲ．①高等学校－财务管理－研究－中国 Ⅳ．① G647.5

中国版本图书馆CIP数据核字（2020）第074932号

高校财务管理绩效评价研究
GAOXIAO CAIWU GUANLI JIXIAO PINGJIA YANJIU

著　　者：	吕素昌　孙永杰　徐娜娜
责任编辑：	刘连景
封面设计：	点墨轩阁
出版发行：	北京工业大学出版社
	（北京市朝阳区平乐园100号　邮编：100124）
	010-67391722（传真）　　bgdcbs@sina.com
经销单位：	全国各地新华书店
承印单位：	三河市明华印务有限公司
开　　本：	710毫米×1000毫米　1/16
印　　张：	9.5
字　　数：	190千字
版　　次：	2020年4月第1版
印　　次：	2021年5月第2次印刷
标准书号：	ISBN 978-7-5639-7419-1
定　　价：	56.00元

版权所有　　翻印必究

（如发现印装质量问题，请寄本社发行部调换 010-67391106）

前　言

当前，我国高等教育正处在迅速发展的时期，高校在不断扩大办学规模、提高办学层次、增强学校影响力。与此同时，随着高校办学自主权的逐步增强，高等教育成本正在持续上升，高校的支出也在大幅增加，问题也随之显现。高校财务管理绩效评价指标体系和评价机制的不健全、资源配置效率低、盲目的扩张引发的较高的财务风险，都要求我们加快完善高校财务管理绩效评价体系。

高校投资主体的多元化，需要科学、规范的财务绩效评价方法为投资者、债权人提供各高校教育资源的使用和收益状况。高校健康可持续发展，离不开有效的财务管理工作。而对财务管理绩效进行一定的考核和评估，不仅可以提高高校财务管理水平、提高资金使用效益，而且对高校未来的发展有着积极作用。因此，本书立足于高校可持续发展对财务管理的要求，结合当前高校财务管理及其绩效评价的现状，对高校财务管理绩效评价的相关理论进行了研究，旨在为我国高校财务管理能力的提升与高校财务管理体系的完善提供指导。

本书语言通俗易懂，以理论指导实践的论述方式，对高校财务管理绩效基本概念、高校财务管理绩效创新研究、高校财务绩效评价、高校财务管理绩效评价的基本理论、高校财务管理绩效评价创新研究等做了探讨，可供高校财务管理人员参考使用。

由于时间仓促，加之笔者能力有限，书中的不足之处在所难免，望广大读者批评指正。

目 录

第一章 高校财务管理绩效概述 ·· 1
  第一节 我国高校财务管理绩效的不良表现和优化路径 ·············· 1
  第二节 绩效导向下的高校财务管理 ··· 3
  第三节 财务管理制度视角下的高校绩效工资制度 ······················ 5
  第四节 财务绩效视角下高校科研管理制度的现状及其优化 ······· 9
  第五节 基于零余额下的高校财务绩效预算管理 ······················· 15
  第六节 价值链会计的概念及其在高校财务绩效管理中的作用 ··· 18

第二章 高校财务管理绩效研究 ·· 21
  第一节 基于PDCA循环的高校专项资金绩效管理 ···················· 21
  第二节 高校财政专项资金绩效管理要求 ·································· 26
  第三节 高校预算支出绩效管理 ·· 29
  第四节 绩效考评机制在高校预算管理中的应用 ······················· 32
  第五节 基于预算绩效管理的高校基本建设预算内资金管理 ····· 35
  第六节 高校贫困生资助工作绩效管理体系构建 ······················· 41
  第七节 高校财务"目级预算与控制"管理的应用 ······················· 44
  第八节 高校自设专项经费管理及绩效考评 ······························ 50
  第九节 EVA绩效评价体系在高校资产经营公司的应用 ············· 55
  第十节 高校经费绩效评价运作中若干问题的探索 ··················· 60
  第十一节 基于校内预算的高校资金绩效管理策略 ··················· 63
  第十二节 地方高校二级财务管理运行机制研究 ······················· 67

第三章 高校财务绩效评价 ·· 75
  第一节 高校财务绩效评价的制约因素及应对策略 ··················· 75

第二节　高校财务绩效评价指标体系的构建 ································· 77

　第三节　高校财务人员绩效评价体系的构建 ································· 81

　第四节　高校财务绩效综合实力评价 ··· 85

　第五节　从利益相关者角度分析绩效评价指标的设立 ······················ 92

第四章　高校财务管理绩效评价体系的具体应用 ······························ 97

　第一节　高校预算资金使用控制与绩效评价 ································· 97

　第二节　高校财务预算绩效评价与激励机制 ································ 100

　第三节　高校预算支出绩效评价体系研究 ··································· 104

　第四节　高校绩效评级与财务管理的关系 ··································· 108

　第五节　公立高校国有资产管理绩效评价 ··································· 110

　第六节　高校固定资产管理绩效评价 ·· 113

　第七节　高校财政支出绩效评价管理的研究 ································ 120

第五章　科学方法在高校财务绩效评价中的应用 ····························· 125

　第一节　数据包络分析法在高校财务绩效评价中的应用 ·················· 125

　第二节　基于 BSC + KPI + AHP 的高校绩效评价 ························· 129

　第三节　基于云计算的高校财务绩效动态评价模式 ························ 133

　第四节　BSC 模式下高校二级院系财务管理绩效评价体系构建 ········· 139

参考文献 ·· 145

第一章 高校财务管理绩效概述

第一节 我国高校财务管理绩效的不良表现和优化路径

随着我国高等教育的改革与推进,将市场观念融入高校的办学当中已经逐步成为高校的发展趋势。促使高校财务管理开源节流,提高资金使用效益,对推动高校的发展具有十分重要的意义。

一、我国高校财务管理绩效的不良表现

(一)内部收入分配功能弱化

目前大多数高校根据内部收入制定办法,允许创收单位在规定的范围内自主管理、自行安排创收所得。这种财务管理方式高效发挥的前提条件是合理规定创收单位与校内津贴的份额。然而,我国高校大都通过变相提高创收单位的所得,减少学校所得,导致高校提供资金的能力与职责处于一种失调的状态,无力兼顾创收能力弱的单位。这种追求局部利益的做法弱化了校内分配功能的发挥,降低了高校财务管理的绩效。

(二)固定资产投资效益较低

自1999年扩招以来,高校添加了大量教学楼、食堂、图书等固定资产设备,但是在高校的内部并没有形成良好的共享与管理机制,各部门配置"小而全"的固定资产设备,甚至为引进人才单独配置实验室,这种不良的做法导致高校固定资产长期处于一种积压状态,利用率极低。

(三)财务预算效率低

①预算提前期限短,影响了预算的执行。财政部推进部门预算改革的过程中,预算编制时间不断提前,预算编制周期从6个月延长到9个月,高校预算

下达时间太晚，严重影响学校当年的预算的执行情况。

②预算存在多级分配，效率较低。多级预算分配主要有两种形式，一种是学校将经费分配给学院，学院再根据自身情况自行分配；另一种是学校将经费分配给职能部门，再由职能部门将经费分配给使用单位。这种多级预算分配容易导致二级分配的部门和学院为了加强自己的权利，不将预算经费一次性分配，不容易达到责权利对等的效果。因此，这种多级、多层次的预算分配方式不但加大了高校的工作量，而且加长了预算下达的时间，预算效率极其低下。

二、我国高校财务管理绩效的优化路径

（一）统一并提高各级领导的认识

要提高我国高校财务管理绩效，高校各级领导必须从全局的高度认识到高校财务管理绩效的重要性，向管理要经费、要效益，把财务绩效最大化作为高校财务活动的根本目的。同时树立高等教育成本意识，以现代的成本会计和管理会计为基础，建立全校教育成本与控制评价制度。

（二）健全高校经济责任制，完善高校财务管理体制

高校财务管理问题，最根本的就是体制问题。随着我国高校教育体制改革的不断深化，教育投资主体多元化已经逐步形成，学校正从单一的事业型管理逐步向多元化管理过渡，各类经济活动复杂，财务管理也日益复杂，所以学校应建立健全的经济责任制，建立"统一领导、集中管理与分级管理相结合"的财务管理体制。

（三）改革预算管理模式

预算管理是学校经济活动的前提与依据，预算资金的筹集、分配和使用关系到学校的财务状况与发展能力，因此，预算管理应作为高校财务制度改革的重点内容。为此，可以通过强化责任机制、建立激励机制，实行校内的经费预算与工作绩效挂钩、预算的执行随工作绩效浮动的预算管理模式。

（四）建立高校仪器设备共享模式

学校内部应建立仪器设备等资源的共享模式，打破原有的仪器设备的封闭式管理。首先，高校仪器设备属于国有资产，学校只有管理与使用权，在共享模式下，仪器设备采取统一管理、统一分配、统一使用；其次，高校应建立统

一管理、统一分配、统一使用的"共享管理平台",将分散的仪器设备组织起来,形成功能齐全的开放系统,在学校内部跨学科、跨学院、跨单位使用。

(五)建立高校财务绩效评价和问责制度

目前我国大多数高校对各部门预算资金使用的评价仅仅考察资金是否按照预算规定进行使用与执行,至于预算资金的使用效率与效果如何则无人关心。因此,应根据高校的目标,采取科学的评价指标与方法对高校预算支出的效率与效果进行客观公正的评价。对于明显使用不当、评价效率与效果低下的,应根据具体情况对部门责任人进行问责,给予一定的处罚。

(六)加强财务管理队伍的建设

高校财务管理人员的素质与财务管理的效率、效果紧密相关,应对财务管理人员进行培训,转换其"重核算、轻管理"的思想,不断更新财务管理人员的知识水平与能力,使其满足新形势下高校财务管理工作的要求,保证高校财务管理目标的实现。

第二节 绩效导向下的高校财务管理

随着近年来我国教育改革的不断深入,自我管理、自我约束的高校独立法人地位已经得到了有效增强。在日益激烈的市场竞争中,高校财务管理工作不仅要更好地满足市场需求,还要将本校的社会效益最大化,积极克服在财力、物力等方面存在的困难,以此实现高校财务管理工作的可持续发展。所以高校财务管理要不断完善管理体系,为高校特色办学提供坚实的经济基础。还要重视绩效考核工作,增强绩效考核责任感,认清当前形势,同时针对当前高校财务管理中存在的问题提出改善措施。

一、现阶段绩效导向的高校财务管理中存在的问题

高等教育迅速发展使得财务管理在高校管理中的重要性得到了进一步加强,与此同时,绩效管理观念得到了有效增强,但是现阶段在高校财务管理中还存在以下几个问题。

(一)财务管理目标不明确

目前我国高校对财务管理工作的认识还停留在经费争取和收支核算这些

方面，财务管理目标还存在局限性，主要工作还是高校日常经费支出的核算，以此来保证高校资金的安全性。财务管理流程侧重于后期财务工作监督和会计信息反映，忽略了对财务风险的事前预测、事中控制、事后财务分析、绩效考核等细节工作。在绩效管理中对高校融资能力的测算、经济效益分析以及办学成本控制等力度不够，财务管理目标不明确，最终导致财务管理工作进行的不顺利。

（二）财务预算管理能力有待提高

预算工作是高校事业发展的基础，然而在实际工作中，编制预算与执行预算、高校部门预算与内部预算等两张皮的现象依然存在；在预算过程中缺乏科学有效的定额以及标准；由于编制过程不透明，造成财务预算结果不准确、内容不全面，未能将高校财务工作收支现状真实、准确地反映出来；预算执行中出现预算变更频繁、执行力度不够等情况，再加上预算指标下达晚，因此使得财务管理工作失去了事先预算和事中控制的作用；在预算执行环节缺乏科学的绩效考核依据和考核措施。由于存在以上情况，因此财务管理工作进行得不顺利，最终导致高校债务过度膨胀，从而出现了盲目投资的现象。

二、基于绩效导向的高校财务管理措施

（一）构建完善的绩效管理体制

加强对绩效管理工作的重视，及时成立专门的绩效管理小组以及管理部门，在此过程中围绕现阶段高校财务管理存在的主要问题，不断强化收支管理以及资源配置，将提高财务人员现代化管理意识作为目标。同时借助绩效指标体系掌握绩效管理进度，从而顺利开展绩效评价、绩效监督、绩效激励等有关工作。有效完善绩效管理制度，及时制订奖罚措施，重视高校绩效管理工作，在新时期下积极构建网络化财务管理平台以进行现代化管理，从而在提高人员财务管理意识的基础上，有效确保绩效管理机制的及时落实。

（二）建立并完善绩效会计信息体系

会计信息是预算工作的主要依据，主要包括人员经费和公用经费这两方面的预算。在绩效管理中将各个单位各自承担任务作为主要依据，及时设定绩效会计信息目标和考核内容，有效依托现代化信息技术以及核算模式，实现对项目会计信息的分类处理，比如科研项目、人才培养项目、现代化建设项目、后勤保障项目等。将绩效作为高校会计信息体系的主要导向，及时获取收入以及

办学成本投入等相关信息，还要确保高校会计信息的透明化和公开化，积极进行会计信息共享，有效保证绩效会计信息的科学性和准确性。

（三）构建现代化绩效财务管理信息共享平台

由于高校财务管理工作涉及内容较多，不仅包括办学资源配置、办学成本投入、资产使用、人才培养模式，还包括科学研究成果以及社会服务等多项内容。因此，为了保证高校财务管理工作能够全面开展，高校需要及时根据财务管理现状来构建科学合理的财务管理信息共享平台，制定有效的财务信息标准体系，重视财务绩效信息整合，及时对绩效信息数据做出合理优化，并在经过筛选后将数据及时导入高校绩效管理系统，从而根据设定目标来对绩效信息进行准确计算和深入分析，这样做能够为绩效管理考核及时提供准确的参考依据，同时使现代化绩效财务管理信息共享平台的实效性得到充分发挥。

（四）建立财务绩效管理责任制

为保证财务管理工作能够有序进行，要及时对高校绩效考核和财务监管工作进行科学管理，及时分析各个单位绩效完成的情况，分析办学成本投入是否达到最优，实际效果是否超出预期，绩效管理实践体会。在此过程中对已经完成绩效目标的单位进行嘉奖，同时在下一轮预算中为它们提供更多资源，奖励表现突出的单位和个人；对未完成绩效目标的单位进行相应惩罚，同时取消这些单位的下季度项目任务。强化管理责任，及时营造和谐良好的高校财务绩效管理氛围，促使财务工作者积极完成绩效目标，有效提高这些人员的责任意识。

综上所述，财务绩效管理工作的进展以及落实情况对高校未来发展有着决定性影响。在新时期形势下，高校要认真分析其财务管理现状，同时针对财务管理问题及时提出应对措施。有效完善财务管理制度，通过构建现代化绩效财务管理平台，制定合理的绩效管理标准，以此方式有效增强高校财务管理工作的实效性。

第三节　财务管理制度视角下的高校绩效工资制度

随着近年来我国高校现代化教育体制改革的全面深入，不仅对高校人才培养提出了新要求，也对高校管理工作制定了新标准。在高校财务管理工作中，教职员工的工资制度一直是一个重要的组成部分。自 2011 年正式实施高校绩效工资管理制度后，高校财务管理发生了根本变化。本节从财务管理制度视角，分析了高校实施绩效工资制度的意义、原则及影响，同时探讨了应如何在高校更好地推行绩效工资制度。

绩效工资制度，顾名思义是以工作绩效考核为基础核算并支付相应的工资酬薪。相对于我国高校传统的固定工资制度，绩效工资制度更加科学合理，并能够充分调动高校教职员工的工作积极性。现阶段，由于高校绩效工资制度推行实施的时间尚短，因而在具体实施细节方面不可避免地存在一些不足。从财务管理制度视角，深入研究如何完善高校绩效工资制度，对于我国高校的全面发展具有重要意义。

一、高校绩效工资制度的意义、原则与影响

（一）意义

我国高等院校传统工资制度主要是以职位和资历为基础，工资分配强调平均主义，教职员工工资收入的多少与工作能力、工作内容无关，这样的工资制度显然不利于调动教职员工的工作积极性，也容易使员工之间产生矛盾。绩效工资制度的实施则打破了传统工资制度中排资论辈的方式，将工作效率和工作价值作为工资分配的主导，这使得高校工资制度更加公平，对高校各项工作效率的提升具有积极作用。作为高校财务制度改革中的重要内容之一，实施绩效工资制度，在规范补贴、津贴机制的同时，也使得以绩效工资制度为前提的激励机制、工资水平决定机制、宏观调控分配机制更加合理完善。高校绩效工资制度与其他财务管理制度的结合，重新规范了高校财务收入和管理秩序，有效解决了高校教职员工劳动付出和劳动所得不相符的矛盾，促进了高校内部的和谐发展。同时绩效工资制度的推行进一步完善了高校教职员工的考核机制，全面提升了高校的教育服务水平，杜绝了高校教职员工出工不出力、敷衍了事等现象。

（二）原则

实施高校绩效工资制度必须严格遵循四项基本原则：一是坚持"按岗获薪、突出岗位"的原则，对内部教职员工结构从整体上进行优化，使岗位管理设置逐步得到完善。二是坚持"优劳优薪、按劳获薪"的原则，在兼顾公平与效率的前提下，可将工资分配差距适当拉大，将各岗位教职员工的实际工资收入与学校办学效益、工作内容、工作责任、工作贡献、工作业绩挂钩。三是坚持"责

酬一致、明确职责"的原则，明确划分不同岗位需承担的具体工作责任和内容，协调酬薪与责任大小之间的关系，同时可根据具体情况制定合理的奖惩性绩效机制，进一步加强各岗位教职员工的积极性和责任心。四是坚持"稳定增长、控制总量"的原则，高校绩效工资制度的实施应符合国家财政政策方针，避免出现高校教职员工收入水平增长过快，出现与当前我国社会经济整体发展脱节的问题。

（三）影响

在财务管理制度视角下，高校绩效工资制度的推行，增加了高校财务管理工作内容，同时高校财务的预算、核算及分配直接影响绩效工资制度的落实。因而，在高校落实、推行绩效工资制度过程中，首先应做好全体员工预算经费的控制工作，将各级学院（部门）教职员工的绩效工资预算经费，以及负责专项教学和科研的教职员工绩效工资预算进行具体细化。同时高校的财务管理部门还需根据绩效工资制度的需要，调整和改进现有的财务管理和会计核算制度，建立满足绩效工资制度实施的财务管理模式。

二、从财务管理制度视角优化高校绩效工资制度

（一）收入结构的科学构建

在绩效制度中，绩效工资、基本工资与政策性补贴三部分构成了高校教职员工的酬薪收入。其中绩效工资又分为奖励性和基础性两部分。基本工资依据最新的《事业单位收入分配改革方案》（56号）以及不同地区的相关政策进行发放，其中包括薪级和岗位两部分工资收入。政策性补贴，根据地区公积金管理办法进行发放。由三者组成的高校教职员工收入结构的科学构建，需在国家财政政策的基础上，根据地区的不同以及高校的自身情况因地制宜，在不改变基本结构的前提下进行适当调整。譬如，政策性补贴中的住房公积金，可根据教职员工的实际购房需求进行适当调整，以此平衡收入结构，避免出现不平衡的问题。

（二）财务制度的配套

高校绩效工资制度的落实需要高校财务部完善与之配套的财务管理制度。根据绩效工资制度实施要求，完善内部财务结构，调整各项预算经费的会计核算与各项经费的发放制度。同时，高校财务管理部门还需做好基础会计工作，规范教学、科研、二次创收等经费发放制度，确保绩效工资额度在预算范围之内。

（三）经费预算的合理编制

大部分高校财务部门在发放绩效工资时，通常都是按照一定标准按人均进行发放，财务部门与人事部门之间缺少协商。实施绩效工资制度，需要高校的财务与人事两个部门对绩效工资分配预算额度进行协商，将各级学院的绩效工资总量进行认真细致的测算。财务部门在汇总绩效工资预算后，一旦通过审核批准，必须按照此预算严格执行。在执行发放过程中，各级学院（部门）的财务和人事必须做好跟踪、分析和评价工作。高校实施绩效工资制度，应将其预算编制作为控制、管理、协调高校人事工作的重要工具，通过财务与人事提升绩效工资预算编制的效率。

（四）会计核算的规范

高校推行绩效工资制度，需要财务部门规范会计核算，并设置绩效工资科目或专门的辅助账，以此对绩效工资进行统一核算，达到分账核算、专款专用的目的。同时会计核算制度的规范，对于不同性质人员经费的发放，以及绩效工资发放范围人员的发放区分具有重要作用。在绩效工资制度的实施中，规范会计核算相关规章制度，可有效避免出现绩效工资额度被占用的情况，有利于及时正确核算与监控统计绩效工资。

（五）加强监督和宣传

高校绩效工资制度的落实、推行，还需要高校加大监督和宣传的力度。高校可通过校内网、发放宣传册等方式让教职员工熟悉绩效工资相关条例，同时高校可组织全体教职员工开展绩效工资专题讲座或会议，通过会议让全体教职员工更加深入地了解绩效工资制度之于自身收入和学校发展的作用，让全体教职员工正确认识实施绩效工资制度的益处，并达成一致。在宣传过程中，应特别强调劳务开支需按照绩效工资制度的要求执行，尤其是报销内容的变化，应向全体教职员工进行明确阐述，获取理解和支持，防止实施绩效工资制度后产生不必要的问题。此外，高校应让全体教职员工正确认识绩效工资制度按劳分配的基本原则，实施绩效工资制度既不是降低工资收入，也不是增加工资收入，而是通过改变传统的工资考核与结构，让教职员工的收入水平适应当前社会与高校的发展。

（六）拓展资金来源渠道

预算内和预算外经费是高校办学资金的基本组成，高校实施绩效工资制度后，各地区政府财务主管部门应鼓励和扶持高校拓展预算外资金的来源渠道，并将这些预算资金按一定比例增加到绩效工资中。高校可利用自身的教学资源增设辅导班、进修班或培训班，在增加高校业务范围、提升教育服务水平的同时，通过收取一定费用增加预算外的资金收入。高校还可创办独立院校，目前这一模式已经逐渐普及。高校利用自身的品牌形象和教育资源，创办独立的院校，可大幅提升高校资金收入，尤其是创办收费标准较高的三本院校。在全国扩招、生源不断增加的背景下，创办这类院校无疑是高校增加预算外资金收入最行之有效的方式之一。同时高校还可通过对外租借闲置的教室、运动馆、科研设备等方式获取租金收益，此外高校的篮球馆、游泳馆、网球场等体育场所可在假期对外开放，收取一定的入场费。社会助学资金捐助也是高校增加预算外收入的重要形式。高校可通过宣传科研成果和办学水平，打造自身品牌，提高品牌的影响力和价值，以此吸引企业合作，争取企业的教育基金赞助。高校在国家法律政策允许的范围内获取预算外资金收入，对于高校绩效工资制度的实施具有积极的推动作用。

高校绩效工资制度在财务管理制度视角下，需从构建科学收入结构、配套财务制度、合理编制经费预算、规范会计核算、加强宣传以及拓展资金来源等方面，确保其有序开展。同时，我国高校绩效工资制度的推行还必须与时俱进。根据社会和高校的发展要求，不断探索创新，这样才能够真正确保绩效工资制度在高校的落实，进而为高校的现代化改革提供有力的支持。

第四节 财务绩效视角下高校科研管理制度的现状及其优化

高校科研管理制度作为规范科研活动的规则，关系到我国高校科研水平的提升。当前我国高校科研管理制度初步形成，但是以财务绩效为衡量标准，高校科研管理仍存在着一些问题。基于财务绩效的视角，我国高校科研管理制度创新的路径包括：加强科研管理队伍建设；建立健全科研协作制度；创新科研组织制度；建立和完善科研激励制度；构建科学的科研考核体系。

科学研究是高校的重要职能，是现代大学的重要特征之一，科研水平的高低也日益成为人们评判一所大学产出绩效和综合实力的核心指标。提高科研水平，关键是要通过科研管理制度优化科研资源的配置，调动科研管理人员和科研工作者的积极性，进而提高科研工作的整体效益和水平。因此，从高校科研管理制度的现状出发，探讨如何通过科研管理制度创新、优化科研资源配置，是新时期高校提升科研水平的必然选择。

一、我国高校科研管理制度建设现状

（一）高校科研管理制度初步形成

推进高校科研工作顺利进行，必须加强制度建设。高校科研工作涉及学校、科研人员、科研团体、科研管理者四个方面，各利益主体之间的关系需要制度加以调节。近年来，我国政府陆续制定了一系列关于科研管理的公共政策。在国家政策的指导下，高校结合自身实际情况，在听取广大科研人员和教职员工意见的基础上，出台了许多关于科研管理的规章制度。有的对科研管理做出了原则性规定，如对科研管理的目的、作用、地位等做出规定；有的对科研管理提出了具体要求，如对课题立项、评审的程序性规定。从问题指向上看，这些规章制度既有针对原有科研管理的弊端的，也有应对科研管理中的新情况、新问题的内容。从内容上看，这些规章制度涉及科研活动的各个方面和各个环节，包括课题申请、科研经费的使用和管理、科研工作量、合同管理、横向课题管理、成果奖励、成果鉴定、学术交流、科研档案等。所以，科研管理的随意性和主观性大大降低，科研管理无规可依的局面得到了根本改善。

（二）奖惩制度是高校科研管理制度建设的重点

奖惩制度能够把科研人员的切实利益如工资、福利、奖金、津贴、职务晋升、职称评定等与科研成果联系起来，从而使科研人员的行为向高校管理者期望的方向转变，促使科研人员多出成果、出好成果。奖惩制度充分体现了按劳分配、多劳多得、优劳优酬、奖优罚劣的原则，像一个无形的指挥棒发挥着重要的导向功能。奖励的功能在于激励，即通过给予科研成果丰硕、科研能力强的科研人员以物质报酬或精神荣誉，激发全体科研人员的积极性和主动性。惩罚的功能在于约束，即通过使后进的科研人员遭受一定的物质损失，督促他们提高科研意识、潜心治学。高校的科研奖励制度及其详细条目都是公开的，因此，科研人员能够知晓"谁"在科研方面是最好的，以及为什么做到了最好。通过与"标杆"进行比较，科研人员能够找到差距及其原因。正因为科研奖励制度具有如此重要的功能，我国高校纷纷将其作为科研管理制度建设的重点，作为创新科研管理制度的主要方面。

（三）课题制是高校普遍采用的科研组织管理模式

针对计划体制下科研组织模式的弊端，《中共中央、国务院关于加强技术创新，发展高科技，实现产业化的决定》要求："国家科研计划实行课题制，大力推行项目招投标和中介评估制度。"为贯彻落实这一要求，科技部等部门制定的《关于国家科研计划实施课题制管理的规定》指出，课题制是指按照公平竞争、择优支持的原则，确立科学研究课题，并以课题为中心、以课题组为基本活动单位进行课题组织、管理和研究活动的一种科研管理制度。实践证明，课题制能够促使科研项目主体和受助对象多元化，扩大科研经费投入；能够充分调动学术专家群体在项目立项、鉴定结项过程中的关键作用，在一定程度上促进了科研管理的民主化与科学化；课题制也是一种有效的科研激励机制，有利于调动广大科研人员的积极性。正因为如此，"自20世纪末期我国在科研项目中实行课题制以来，广大科研人员通过课题方式获取科研资助日趋普遍。课题制逐步成为占据主导地位的科研组织方式"。以国家社科基金项目为例，2012年全国共受理申报课题25243项，比2011年增加了4061项，增幅为19.2%。

二、财务绩效视角下高校科研管理制度存在的问题

高校管理要协调高校有限的资源投入与实现办学目标的矛盾。因此，高校行政管理的成功与否，最终要通过办学效益来体现。任何高校管理制度都要体现出财务绩效，高校科研管理制度也不例外。虽然高校科研管理制度对于促进科研事业的繁荣发展起到了至关重要的作用，但是其在实践中仍存在一些不可忽视的问题，这些问题妨碍了财务绩效的提高。

（一）科研考核评价制度不合理

改革开放以来，我国科研绩效评估以注重数量评估为主要特征，"除论文计量外，定量评估的其他指标还包括研究项目和经费、获奖、专利等"。如依职称级别的不同而要求教师每年发表多少篇什么级别的论文，完成何种级别科研项目、转入多少科研经费、完成多少专著和教材、完成字数多少等任务，未完成任务的则会受到物质和精神的惩罚，如扣奖金或津贴、不能评先进等。量化考核容易导致重数量轻质量、"以数字论英雄"的功利化学风。科研经费是开展科研活动的物质基础，是衡量科研工作规模、实力的重要指标。但是在目前的考核制度下，一些高校片面强调科研经费的数量，由此产生了一批"项目老板"。这些"老板"只负责跑项目，却不亲身从事科学研究。同时，用文章

数量来评价作者的水平也不一定准确,"有的学者文章发表数百篇,但滥竽充数的不少,甚至有改头换面、将主要内容重复投稿的现象"。此外,高校科研考核制度还存在过频过繁问题。我国高校普遍考核周期过短、考核频次过高,导致科研人员负担过重,使科研人员患上"考核疲劳症",从而使考核背离了促进高校科研事业发展的本意。

(二)激励约束制度不完善

在激励约束制度设计上,我国高校普遍存在重物质激励、轻视精神激励的倾向。物质激励能够对有潜在能力的教师产生强有力的暗示效应,其作用是不可替代的。但是,单纯依靠物质利益刺激容易导致激励动力不足,这是由货币收入的边际效用递减规律所决定的。在这种情况下,积极宣传科研先进人物的事迹,强化精神激励,提高科研人员的荣誉感和归属感,提高科研人员参与高校管理的水平,推进科研管理的民主化,赋予杰出科研人员"优秀科技工作者""科研标兵"等称号,或许能收到事半功倍的效果。激励缺乏层次性是我国高校科研激励约束制度上存在的另一个重要问题。一般来说,青年科研人员与老年科研人员、高级职称的科研人员与中级职称的科研人员的需求具有一定的差异性。但是,在激励约束制度设计上却存在"一刀切"的现象。例如,将科研成果与职称评定挂钩,能够调动青年科研人员和中级职称科研人员的积极性,但是对于老年科研人员、高级职称科研人员则难以起到激励作用。部分高级职称科研人员认为自己职称已经到头了,因此,他们科研兴趣低,未能从思想上重视科研工作,没有积极的心态,缺乏投入科研工作的主动性、紧迫性与热情。

(三)科研经费使用和管理制度不健全

科研经费是资助方给予科研人员用于科学研究的专项资金。科研人员在使用科研资金时,需要承担财务责任。财务责任主要包括两个方面:一方面是恰当和负责任地使用研究经费;另一方面是经济利益冲突,科研人员必须能够认识到并能解决可能对研究工作造成任何损害的经济利益冲突。然而,在我国的高校科研实践中,滥用科研经费是共性问题和突出问题,许多科研资金使用效率低下。据中国科协的调查显示:科研资金用于项目本身的仅占40%左右,大量科研经费流失在项目之外。滥用科研经费的重要原因是科研管理制度不够完善,包括制度漏洞、制度的权威性不够和制度规定不合理。许多高校的科研经费监管基本上处于真空状态。高校虽然制定了科研经费报销审批流程,但学校每天需要报销的费用庞大,审核人员无法全面审核所有的单据。

(四)系统的科研协作制度缺失

管理学家法约尔指出:"在所属人员中造成分裂并不值得夸耀,任何人都可以做到,而相反却需要真正的才干才能协调力量,激励起热情,发挥所有人的能力,奖励每个人的长处而又不引起可能的妒忌与破坏协调的关系。"我国高校的相关科研制度,尤其是考核激励制度不利于科研协作关系的建立和维护。"科技成果主持人和主要完成人的数额有限,结果形成教师科技人员争当主持人、争署名排次的现象,这在一定程度上淡化了科研协作能力,致使'单打一'现象普遍。"在这种情况下,建立专门的科研协作制度具有极强的现实针对性。这种科研协作制度的主要目的是在科研人员内部塑造和谐的人际关系,鼓励科研协作,提倡多学科联合攻关综合性的重大科研项目。令人遗憾的是,我国高校普遍缺乏系统的科研协作制度,由此造成高校科研人员普遍缺乏团队合作意识与集体攻关精神。科研人员往往从自己的得失考虑问题,在科学研究中彼此缺少合作与沟通,不同学科之间无法融合与扩展,难以实现集成创新。

三、基于财务绩效的高校科研管理制度创新路径

(一)加强科研管理队伍建设

高校科研管理人员的思想状况及其自身素质对于科研管理水平的提高具有至关重要的作用。我国科技界过去存在一种认识误区,即将科研管理人员定位为"打杂的""跑腿的""伺候人的""抄抄写写"的无关紧要的工作人员。事实上,"如果能够做好一个领域的科研管理工作,对于科学事业的贡献一点也不比完成若干项研究工作差"。因此,在科研重要性日益增长的今天,我们必须转变轻视科研管理队伍建设的思想,充分肯定科研管理人员的工作价值和光荣使命,采取得力措施提高他们的素质,实现高校科研管理人才专业化、知识化。加强科研管理队伍建设,关键是建立健全科研管理人员选拔和培训制度。选拔制度的主要功能在于把好"入口关",切实将具备科学研究领导和组织能力、作风正派、办事公正、热爱科研管理工作的人员选派到科研管理岗位上。培训制度的主要功能在于更新科研管理人员的知识结构,开阔科研管理人员的视野,提高他们的知识水平,提升他们的服务意识和服务技能。

(二)建立健全科研协作制度

要优化资源配置,通过构建学科平台,分层次建立应用基础研究人才队伍、

关键技术攻关队伍，鼓励协同攻关，促进人才成长。如前所述，目前高校大都成立了科研机构，但这些科研机构多数属单兵作战，难以形成团队、形成合力，难以承担大项目，取得大的成果，所以要采取各种措施，形成若干个由"学术带头人＋创新团队"组织模式构成的科研团队，通过团队建设把科研工作做深。此外，建立科学研究基地对于科研协作具有重要的现实意义。例如，为整合资源、形成团队，可考虑建立国家哲学社会科学研究基地。建立国家哲学社会科学研究基地，能使哲学社会科学研究从单兵分散向集群整体发展，对于找准研究方向、明确研究思路、汇集研究人才、增强研究能力、提高研究质量等具有重要作用。

（三）创新科研组织制度

基层学术组织对不同类型的大学来说应该有不同的组织模式，建设高水平的基层学术组织应该有利于教学科研的融合，有利于汇聚队伍、形成方向，构筑科研基地与平台。教学研究型大学的基层学术组织比较重视院（系）的教学科研组织，教研与科研并行，在院（系）单独建立一些研究机构，专业和学科是分离的，教学和科研结合不够；教学型大学以教研室为主，等级式垂直管理，学校→院（系）→教研室，没有很多的研究机构。对很多高校而言，基层学术组织要深化改革，着力建立起以学科为主线、以科研任务为基础的矩阵型基层学术组织模式，进一步加强科研与教学、科研与学科的融合。要充分利用已有的国家和省部级重点科研机构，发挥这些科研机构在承担大项目、获得大成果方面的主力军作用，进一步加强其在集成性、交叉性、综合性和国际化程度等方面的建设。

（四）建立和完善科研激励制度

要研究和出台符合科研发展规律的科研激励制度，实现科研人员及团队最优激励，最大限度地调动广大师生从事科研工作的积极性，推进科研管理工作由"数量型管理"过渡到"质量型管理"。首先，突出"以人为本"的激励制度。高校中的广大科研人员是创新的主体，为了调动他们投身于科学研究的积极性，科技管理应是激励导向型的。在科研管理中要围绕科研人员展开活动，重视、关心、培养广大科研人员，这样才能充分发挥青年教师科研创新的积极性。其次，加强产学研结合，促进成果转化。建立高校科技产业化基地，积极推进科研成果转化和技术转让。要加强校市、校企以及学校与社会的联系，进一步加大科研成果转化的力度，探索科研成果转化与推广的有效机制，搭建科研成果转化

（五）构建科学的科研考核体系

一个存在诸多不足的科研考核体系，将给科研考核本身带来诸多负面影响，甚至阻碍科研的发展。针对高校的科研考核评价现状，高校科研考核要在以下几方面有所突破。首先，进一步深化人事分配制度改革，加大对科研工作的考核力度。科研考核是衡量科研人员工作情况的一种制度，是对高校教师现阶段实施工作能力评估、工作量核算以及在此基础上进行效益计算的主要方式。作为重要指标，考核结果也可能作为校级经费预算投入的重要参考依据。在考核中，既要对单位进行考核，也要对个人进行考核。其次，着力提升科研效益。科研工作的开展，需要良好的软硬件支撑。高校要制定科研资源共享制度，加强科研资源信息管理，强力推进资源共享，最大限度地减少重复购置。同时，高校的科研成果应及时向社会公布，使科研成果及时创造最大的社会效益。最后，制订合理的科研工作量计算办法。尽管完全公平合理的量化方法是不存在的，但是量化仍不失为一种有效的考核方法，其中量化的合理性需要加倍重视。同时，在量化过程中要注意不同学科科研工作的差异，针对学科特点，通过不同的加权调节系数进行科学平衡。要处理好质与量的关系，针对我国高校的科研现状，要大力提倡"质重于量"的学术理念。

第五节　基于零余额下的高校财务绩效预算管理

随着我国高等教育的发展，高等教育的社会公益性和非营利性对高校预算运行绩效即"用钱效益"提出了更高的要求，对预算信息的准确性、真实性及合理性也同步提出了更高的要求。针对目前高校预算管理中的信息不实问题，笔者认为趁零余额账户制度改革之契机，全员树立零余额概念，贯彻零余额制度，对提高高校预算管理效益有着举足轻重的作用。本节对财政零余额的概念、意义及实施现状，高校绩效预算实施零余额制度管理中存在的问题及应对措施进行了探讨。

一、我国财政零余额账户制度的概念与意义

2001年3月，我国颁布了财政国库集中支付制度。这一制度是现代市场经济国家普遍采用的财政运行管理模式，其特征即是零余额账户管理。所谓零余

额账户就是预算单位在办理直接支付和授权支付业务时，均由代理银行先行垫付资金，即从国库支付中心开设的直接支付零余额账户和为预算单位开设的授权支付零余额账户中将资金支付到收款人账户，垫支的资金由代理银行在每天规定的时间内与国库单一账户或财政备用金账户清算，当天清算完毕后，财政直接支付的零余额账户和授权预算单位支付的零余额账户的资金余额为零。实施零余额制度后，财政预算拨款不再有银行存款的概念，预算单位也不再有银行存款余额，代理银行与用款单位月初收到的只是一个根据财政预算批复而核定的用款额度。额度不可超支，年末未使用额度自动取消；确有特殊情况未能按时使用而必须使用的款项，经申请并得到上级财政部门批准后，以"财政应返还额度"科目，于下年将使用额度返给预算单位。即只有支出去的才是"钱"，其他数字均为额度。

实行国库集中支付制度从根本上解决了财政资金多环节拨付、多头管理、多户头存放的弊端；降低了财政资金的运行成本，提高了财政资金的使用效益；有利于提高预算收支过程的透明度，保障财政资金安全有效运行；借助真实的支出信息与测算方法，提供预算单位实际执行预算过程中的可靠信息资料，为预算单位编制预算时、财政部门审核预算时提供客观的预算定额参考，从而强化了财政预算的执行，推进了部门预算的改革步伐。

二、零余额账户制度实施现状

随着我国财政国库集中支付制度的改革，零余额制度率先在我国国家行政机关部门实施，之后逐步在教育等各类事业单位实施。今年以来我省高校彻底实施了零余额制度改革。零余额制度的实施，对暂时闲置的国库资金实行了现金管理，提高了国库资金的使用效益。实行零余额制度，虽然不改变各部门、各单位的支出权限，但它的作用在于建立了一套预算执行的监督管理机制与理念，为预算支出信息的真实性和完整性奠定了政策基础。

三、高校财务绩效预算现状

传统的高校财务预算注重其合法性，都是以年度能够实现的收入安排高校各项经费需求，而效率和有效性尚未得到应有的重视。目前最科学、最先进的高校财务预算为绩效预算，以结果为导向，以工作绩效目标为目的，在保障学校日常行政管理与教学工作需求的基础上，紧紧围绕高校年度工作重点与发展方向安排经费，是维持与发展兼顾的绩效财务预算。年度终了，对预算运行绩效即"用钱效益"进行评价，评价预算执行效率和有效性，一方面评价学校整体年度绩效、重点项目绩效，为学校下年预算决策与发展重点提供参考；另一方面为高校职能部门、二级学院业绩提供考核数据。因此高校财务绩效预算对预算执行信息的真实性、完整性、合法性提出了更高的要求。

四、高校财务绩效预算实行零余额管理

高校财务绩效预算严格实行零余额制度，该制度贯穿预算管理全过程，包括预算编制、预算执行与绩效评价。编制是基础，执行是关键，评价是结果。预算执行过程中财会人员履行核算与监督职能。

零余额制度下，高校校内财务绩效预算，也就是为全校开展各项工作、各部门实现职能所安排的经费额度。有用于全校整体性的人员经费额度，如在校教职员工的工资福利支出，离退休职工的离退休费，专科生、本科生、研究生的奖助学金等对个人与家庭补助支出；有用于维持日常行政与教学教辅工作的日常公用经费额度；有用于专项工作的专项项目经费额度。所有预算经费安排，一致的表现形式就是额度。总收入、总支出为总额度，明细支出为明细额度。年度终了或验收期末额度归零，完全体现的是零余额的概念。为鼓励节约经费，特殊情况另行对待，如经高校预算委员会批准，日常公用经费及部分专项项目经费节余者可结转下年留用。一般专项项目经费于年度终了或验收期末清零。

随着财政国库集中支付制度在高校的实施、零余额概念的引入、额度概念的建立，预期高校各行政管理部门、各二级学院等教学教辅部门全员树立起零余额概念后，对预算的高效使用具有极大的帮助。对高校的预算管理工作必将产生以下积极作用：①有利于高校全面地掌握预算资金，提高资金使用效率，进一步提高高校预算资金管理水平；②有利于确实保障预算执行情况的真实性、完整性与合法性，防止预算执行情况失真，加强了预算管理的严肃性，为下年预算安排决策提供正确的参考信息，避免因无法准确测算、核实预算单位或专项项目为履行职能所需资金数额，导致经费安排不合理现象；③有利于防止资金滞留在二级预算单位而出现类"小金库"现象与预算资金挪用情况，扼制违法犯罪因素；④有利于避免给预算经费使用单位的工作带来不便，防止激化矛盾，影响工作效率；⑤有利于提高预算支出信息的透明度，增强预算资金使用效益，便于预算监督与追踪问效，为高校财务预算的绩效评价工作奠定基础。总之，零余额概念的引入对加强高校财务绩效预算的刚性、保障有限预算资金的效益性、优化高校资源配置、完善绩效考评机制、提高财务管理水平、实现高校预算管理改革具有非常重要的现实意义。

五、高校绩效预算管理贯彻零余额制度中存在的问题及应对措施

多年以来，高校绩效预算中部分专项项目经费额度，尤其以经费卡控制使用的部分经费额度，被部分二级预算单位或个人攥在手中，闲置若干年度，拿出使用时，该项工作已经结束，该项经费额度已不存在。如此造成以下情况：一是占用了其他项目经费的使用额度，弱化了年初预算对预算执行过程的监督；二是造成当年预算执行数据失真；三是专项项目完成情况不良，为资金挪用留下隐患；四是专项项目额度已清零，已无经费可支用；五是部分单位和个人对清零制度不尽理解，难以接受。

零余额制度贯彻中所遇问题的应对措施：①以零余额账户制度实施为契机，认真学习、深刻领会、切实贯彻与财政国库集中支付制度相关的法律法规，加强高校校级领导、各二级部门领导与相关业务人员、财务人员的零余额意识。②零余额制度的具体实施，需高校党政领导给予大力支持，具体可采取下达文件、会议强调等方式，也就是以法规的方式确立预算零余额制度的刚性。③零余额概念的树立，必然是对传统制度、概念的否定和改革。改变多年来的观念，必然需要一个过程，所以需财务等相关部门做出大量的、积极的、耐心细致的宣传解释工作，取得二级部门领导及全体教职员工的理解与认可。④财务人员在贯彻执行零余额制度中应坚持原则、思路清晰、坚持不懈，尤其应杜绝年末以借款名义挪用项目经费的现象，为财政零余额账户制度改革，为高校财务制度的建设与完善做出应有的贡献。

第六节　价值链会计的概念及其在高校财务绩效管理中的作用

经济在不断发展，财务绩效管理也越来越重要，高校财务绩效管理是一项艰巨而关键的任务，关乎高校更好地进步和建设，价值链会计的应运而生有利于高校财务绩效管理，并得到了广泛应用。将价值链会计方法运用到高校财务绩效管理中，能够克服现有的政府视角绩效管理的弊端，有利于高校更加注重资源分配和价值增长的协调性，完善高校价值管理机制，提高财务资源使用效益。

目前，高校财务绩效管理已经越来越依赖价值链会计，甚至已经离不开价值链会计，或许还有很多人对这些东西还不是很了解，也没有这种强烈的感受和体会，本节就围绕价值链会计在高校财务绩效管理中的作用进行论述。

一、财务绩效管理和价值链会计的基本概念

财务绩效管理属于绩效管理范畴，其内容和流程主要包含绩效计划、绩效辅导、绩效评价以及绩效反馈等，实际上就是反映在一定的时期某一种方式实现什么样结果的过程。

价值链会计又叫价值链会计管理，价值链会计是将市场以及客户当作导向，把关键企业当作根本，把一价值链的全部增长效益当作目标，其目的是使分散的价值链形成一个整体，最终就可以组成一个充满挑战性的战略联盟，实现全部价值链的低成本或差异化的挑战优势，实现真正的多赢。

二、价值链会计在高校财务绩效管理中的作用

（一）为高校财务绩效管理提供作业设计线路

一般而言，作业是一个集合体，是组织为生产产品或者提供人工、材料和技术等劳务消耗。作业管理的重要环节是生产流程的组合分配，这是所有相互联系作业的综合。高校财务绩效管理其实就是效益管理，因此，凭借价值管理的手段或措施，将价值增值当作导向的高校操作程序，最终就能够把教学、科研外部和内部治理等结合起来形成一个全面的具有超高效率的操作程序。与此同时，还要在评价财务管理价值链增值作业和非增值作业的层面上将财务管理价值链中的根本或是实质程序明确拟定下来，如此操作就能够为行之有效地获取、合乎情理地配置以及超高效率地规划使用高校财务资源提供有利参考和重大凭证。

（二）有利于高校财务管理价值链的构建

价值链上具有效益的活动概括起来能够分成两种，即关键活动和间接性活动（或辅助活动）。关键活动是一种在生产操作过程当中具有实际作用的活动，它可以真正创造实实在在的价值，而间接性活动虽然没有多大实际意义，但它为关键活动做好后盾，由此可以构建财务管理价值链。它是从横向、纵向以及内部进行全面构建的，可以准确地反映高校价值创造的整个过程。需要说明的是：横向直接反映高校的价值创造过程，纵向是在关注高校以及高校所在相关人员、国家、社会管理层等相互间具备好处和效益的关联性，与之相对的就是关心留意高校运营管理以及高校里面治理环境的有用性，因此价值链会计会在

高校财务绩效管理中发挥最大的作用。

（三）可以作为高校做好财务绩效管理的指标

在高校的财务管理价值链当中，财务资源的得到途径、规划配置以及合理使用的意思是资源投入，而财务管理价值链中的价值创造成果则表示价值产出。资源投入是高校财务绩效管理的关键，它是价值产出社会效益以及经济效益的前提，在还未设计财务绩效管理既定标准时，先要做好准备，也就是说务必要全面想到资源投入既定标准以及价值产出既定标准相互之间的作用和影响。这样一来，价值链会计就对高校财务绩效管理起到绝对的指标作用，这是非常关键的。

（四）有利于高校制作财务信息管理系统

价值链会计的高校财务绩效管理相对于传统意义上的财务会计信息处理来说是极大的突破，价值链会计首先要把事先遍布在任意一个价值创造高校的数据在价值链会计的思想下形成完整的有着相互联系的价值管理指标体系，这样才能够保证高校价值管理部门对和高校价值链相互联系的每一种财务甚至是非财务信息进行获取，并且是没有困难和阻碍的。与此同时需要注意的是：价值链会计信息处理在目前尚未受到国家相关会计规范以及会计制度的约束，所以拥有很多的操作自由，高校能够通过自己的方法制作一套满足数据整理以及方法计量所需要的财务信息管理系统。数据整理系统关键是用来输入和整理价值管理的相关指标，还可以作用于高校价值链作业中极其重要的资源投入和产出，但方法计量系统是用来存放各不相同的财务和非财务确认、计量规定原则和分析模式的，这是一种效益式的计量，作用于高校价值链产出信息。

价值链会计是一种新的模式，运用时间不长，用在高校财务管理中的时间也比较短。但是该方法运用在高校财务管理中确实可以解决一些现有的政府视角绩效管理的弊端，对高校的资源分配以及价值增长的协调性都是极为有利的。它既可以完善高校价值管理机制，又可以提高财务资源使用的效益，将价值发挥到最大。基于这些好处，价值链会计会越来越成熟，会在以后的高校财务绩效管理中得到越来越广泛的应用、发挥更大的作用。

第二章 高校财务管理绩效研究

第一节 基于 PDCA 循环的高校专项资金绩效管理

PDCA 循环理论是质量管理的重要理论，具有系统性、循环性、监控性、渐升性，其目标设置、管理过程、循环特点与高校专项资金绩效管理具有契合点。本节针对高校专项资金绩效管理中存在的问题，借鉴 PDCA 理论，坚持绩效是核心，管理是关键，将绩效管理目标贯穿资金管理的全过程。通过优化目标设定、预算控制、绩效跟踪、考核评价、结果应用等流程，不断提高高校专项资金的管理水平和使用效率。

教育兴则国兴，教育强则国强，高水平教育是国家综合竞争力的重要体现。近年来，随着国家财政管理体制改革的不断深入，对高等教育投入力度持续增加，但高校资金的供需矛盾仍然十分突出。高校的专项资金作为政府公共财政支出的重要组成部分，如何提高其使用效率、优化资源配置、促进高校发展日益成为财政、上级主管部门和高校所关注的重点。下面借鉴质量管理中的 PDCA 循环理论，结合高校专项资金管理的实际，主张从计划、执行、检查、处理几个流程加强对专项资金的管理。

一、PDCA 循环的含义和特点

PDCA 循环又叫戴明环，最早由休哈特提出，后经戴明改进，是企业经营管理的一种重要方法，主要用于质量管理和项目管理中。PDCA 循环分为 P（Plan，计划）、D（Do，执行）、C（Check，检查）、A（Adjust，处理）四个流程，四个流程环环相扣，周而复始。

PDCA 循环的概念决定了其具有如下特点：第一，具有系统性。PDCA 循环主张的不是一个人的力量，而是整个组织的合力，大环套小环，通过绩效指标将各项工作有机组织起来。第二，具有循环性。一个循环结束解决一部分问题，提出新的目标再进入下一个循环，周而复始。第三，具有监控性。通过软件或者监管部门对全过程进行检查监控，发现问题及时修正，保证质量。第四，具有渐升性。PDCA 循环过程是一个螺旋式上升的过程，一个循环结束，质量提高一些，再循环，再运转，再提高，不断循环，持续改进。

二、PDCA 循环与高校专项资金绩效管理的契合点

（一）整体目标的契合

PDCA 循环的整体目标是通过完善工作处理程序和强化过程控制，解决和改进生产经营过程中存在的问题，全面提升产品和服务质量。专项资金管理的整体目标是通过加强对专项资金申请、使用整个过程的控制和评价，提高经费使用的经济性、效率性和效果性，更好地为学校的人才培养、科学研究、战略发展服务，产出更高水平的教学科研成果和培养更高层次的人才。

（二）循环过程的契合

PDCA 循环就是计划、执行、检查和处理这四个环节的循环往复过程。计划是整个循环的基础，执行是整个循环的关键，检查是整个循环的保障，处理是整个循环的提升。高校专项资金管理的过程与 PDCA 循环过程大体相同，目标设定、预算编制对应 P（计划）阶段，经费使用对应 D（执行）阶段，绩效跟踪、评价对应 C（检查）阶段，奖惩环节对应 A（处理）阶段。两种管理模式都强调过程管理，专项资金管理的事前计划、事中检查、事后评价等流程环环紧扣、相互促进，与质量管理在过程上有契合性。

（三）循环特点的契合

PDCA 循环的运动是呈阶梯式向前推进的，一个 PDCA 循环结束，一些问题得到圆满解决，同时遗留问题或新发现的问题将触发新的 PDCA 循环。上一个循环是新循环的基础和起点，新循环是上一个循环的扩展和延伸。专项资金管理循环同样是呈阶梯式不断推进的，其中的过程控制和项目评价的环节，就是为了查找漏洞并将其完善后运用于下一期的专项资金管理中。因此两者的循环特点也具有高度的契合性。

我们希望用 PDCA 循环理论理清思路，抓住主要矛盾，结合高校专项资金管理的特点，针对目前高校专项资金绩效管理存在的问题，构建一个全方位、多层次、立体化的高校专项资金绩效管理体系，提高专项资金管理的科学性、规范性、有效性。

三、高校专项资金绩效管理存在的问题

（一）项目申报缺乏规范性

一些高校申报项目不是从战略发展、学科建设、人才培养、科学研究的实际出发，只是为了争取资金而上项目，项目建设目标不明确、论证不充分。存在重复申报类似项目、同一项目申报不同专项、巧立名目套取项目资金的情况。在申报额度上，不顾实际需要，就高不就低，想方设法多报项目经费，导致项目完成后，产生大量的结余，造成资金沉淀，影响资金使用的效率和资源配置效果。

（二）预算控制缺乏有效性

高校"重申报，轻管理"的监管模式，导致预算控制存在薄弱环节。事前控制不充分，预算编制粗放，缺乏详细的用款计划，精确度不高。过程控制不够，项目执行与预算存在差异时，缺乏灵敏的反应机制和处理机制，项目负责人擅自超出开支标准，改变经费用途，挪用、串用、占用经费现象时有发生。预算考核浮于表面，缺乏严肃性和威慑力，没有真正发挥预算对经费的监控作用。

（三）资金使用缺乏经济性

存在违背专项资金专款专用的原则、擅自更改专项资金用途、挪用、挤占、侵占专项资金的情况；存在为了加快执行进度突击采购、不按合同进度付款、伪造业务、虚开发票的现象；存在结题不结账、对结余资金结转和分配不及时、资金使用不充分的情况。以上问题严重影响了专项资金使用的经济性和效率性。

（四）监督检查缺乏全面性

目前事后监督较多，过程监督较少，专项监督较多，日常监督较少，没有形成一个全方位的监督体系。监督方式比较单一，缺乏常规的、持续性的监督检查和预警机制，信息反馈不及时。没有将内部监督和外部监督相结合，监督乏力，职能弱化。各个监管部门职能分割，沟通交流不畅，缺乏资源共享和协同办公，造成工作重复和效率低下，甚至政出多门，让人无所适从。内审机制不健全，审计人员主要对财务票据的合规、合法、合理性进行监督检查，对项目前期申报和专项资金使用等整个运作过程参与度不够，缺少对项目过程和经济效益的审计。

（五）绩效评价缺乏系统性

专项资金来源的复杂性、种类的多样性，客观上造成绩效评价标准难以统一。目前国家对专项资金绩效考核并未提出详细的定量指标和定性指标，评价指标缺乏可比性、可操作性和可量化性。在此大环境下，高校自身对专项项目的绩效评估多以满足相关上级的检查要求、消极被动应付上级检查为主，没有切实落实和履行自身的绩效评估职责，导致资金的使用效益以及预算执行较差，考核和激励约束机制执行不严。相关负责人责任意识淡薄，不注重资金支出的经济性、效率性和效果性，导致财政资源的严重浪费。

四、专项资金绩效管理的四个环节

针对目前高校专项资金在项目申报、预算控制、资金使用、监督检查、绩效评价等方面存在的不足，借鉴PDCA循环理论，通过科学设置整体目标，加强预算编制、绩效跟踪、监督检查、绩效评价以及结果反馈等流程控制，从PDCA四个环节强化高校专项资金绩效管理。

（一）P阶段：科学设定目标，合理编制预算

1. 科学设定绩效目标

专项资金绩效目标是高校使用财政专项资金能够产出的成果和效益。高校在申报专项资金时应与学校的发展战略相结合，从立项的源头注重专项资金的使用效益。科学设计专项资金绩效目标，测量经费需求，确定项目完成保障措施。绩效目标主要包括以下几个方面：①管理目标，包括机构设置科学、制度健全、人员配置合理、财务制度有效、会计核算准确等。②效益目标，包括项目实施带来的教学科研水平提升、科研转化能力增强、咨询收入、服务收入、技术转让收入增加等。③效率目标，包括资金拨付到位、资金使用及时有效、专款专用等。④效果目标，包括项目准时完成、项目决算和预算匹配、固定资产稳定增长等。

2. 合理编制项目预算

专项资金对预算编制要求高，需要发挥事前的预测对专项经费使用的控制作用。预算一旦编制，一般情况下不允许修改，资金使用必须严格按照预算执行，专款专用。因此项目立项时，要充分论证，资金申报要有理有据，量力而行。需要专业人员指导编制详细的资金使用计划，将预算编制细化到项、类、

目。项目预算编制应采用零基预算的方法，根据实际需要编制预算，逐项审议各项支出的内容及开支标准是否合理，避免不必要的耗费，将钱都花在刀刃上。预算编制要遵循完整性原则，所有与项目建设相关的财务收支都必须纳入预算，专项资金预算要纳入整个部门预算体系当中，防止资金体外循环。

（二）D阶段：严格执行管理，强化绩效跟踪

将总体目标层层分解为阶段目标，制定符合高校实际的专项资金管理办法和跟踪管理制度，确保资金执行过程有据可依。为专项资金设立绩效管理员，围绕已确定的专项资金绩效目标，充分运用信息化工具，实现对专项资金的网络动态监管，实时跟踪专项资金下达情况、经费支出明细、预算执行情况、政府采购情况、项目建设进度，以及项目效益的实现程度。定期撰写专项资金使用情况报告，向项目组和学校专项资金管理机构汇报经费使用情况和预算执行进度，对偏离预算的情况分析原因，上报主管部门采取必要的补救措施或调整、修改计划，保证项目能按时按质按量顺利完成。

（三）C阶段：加强监督检查，科学评价绩效

研发监控软件，将专项资金业务流程、关键控制点嵌入程序，对专项资金全过程跟踪管理，对违背专项资金管理要求的事项自动报告和处理。整合各部门的力量，建立专项资金管理机构，由分管领导和相关部门负责人组成，尤其强化审计人员的全过程审计作用。项目检查考核工作从项目开始时启动，依据专项资金使用目标，对资金落实情况、管理机制完备性、预算执行进度、工程建设组织、财务管理状况、目标完成情况、产出绩效等整个项目的全过程进行监督检查。对执行不力、进度缓慢的要及时提醒催促，对于出现较大的偏差的要查找原因及时纠正。根据绩效目标细化、量化绩效评价指标，以定量指标为主、定性指标为辅，运用科学、合理的绩效评价标准和评价方法，对专项资金绩效进行客观公正的评估和测定。创新评价方式，除了现场评价、会议评价，也可委托第三方评价。考评标准、过程和结果应当公开、公平、公正。

（四）A阶段：运用考评结果，进行激励惩罚

一是引入竞争机制，好的奖，差的罚，通过奖惩增强高校师生经费使用的责任意识和工作动力。对规范、节约、合理使用专项资金并成果突出的项目、单位或个人，高校应给予表彰和奖励；对行为不当或组织不力的项目负责人和单位，高校应进行批评教育或收回其经费；对于在专项资金使用、管理中有违法违规行为的，应追究有关单位和人员的相应责任。二是促进信息公开，增加

资金使用的透明度，引入项目负责人声誉机制。建立科研人员的信用档案，对信誉情况进行登记、公开，对信誉度较低的科研人员在经费申请等环节重点监督。三是依据绩效下达预算，减少无绩效或低绩效的项目，鼓励绩效优良的项目，优化经费支出结构，逐步形成专项资金绩效评价的长效机制。

A 阶段是一次循环的终点，也是总结归纳的环节。通过查漏补缺，对好的方面继承和发扬，形成标准和制度；对不足的方面分析原因，加以整改。持续完善高校专项资金绩效评价标准和管理制度，为下一次的专项资金 PDCA 循环提供借鉴和经验。

没有规矩不成方圆，高质量的管理能够带来绩效水平的提升。针对目前高校专项资金项目申报缺乏规范性、预算控制缺乏有效性、资金使用缺乏经济性、监督检查缺乏全面性、绩效评价缺乏系统性等问题，上述内容将管理学中的 PDCA 循环理论和专项资金管理的实际相结合，提出高校专项经费绩效管理可以从 PDCA 四个环节着手，坚持绩效为核心，管理是关键，重视过程管理和监督，从管理、效益、效率、效果几个方面建立高校专项资金绩效评价指标体系，对高校专项资金使用的全过程进行科学合理评价。以评促改，不断完善高校专项经费绩效管理，提升专项资金使用效益，更好地发挥专项资金在高校人才培养、科学研究、社会服务和文化创新中的重要作用。

第二节　高校财政专项资金绩效管理要求

按照新修订的预算法，为改进预算管理，2014 年 9 月国务院发布了《国务院关于深化预算管理制度改革的决定》，要求健全预算绩效管理机制，逐步将绩效管理范围覆盖各级预算单位和所有财政资金，这就对高校完善绩效管理体制提出了新要求。

一、建立有效的绩效管理体制和流程

高校应建立健全高校专项资金绩效管理组织机构，明确组织职能，明晰权责。高校应当设立绩效管理领导小组，由分管校领导任组长，由财务处、审计处、国资处、设备处、教务处、科研处等职能部门任小组成员。领导小组下设工作小组，负责具体绩效管理事务。

高校要完善绩效管理工作机制，明确有关工作流程。

（一）规范绩效申报程序

项目立项时对专项立项依据、可行性、实施方案、经费预算、中期及年度绩效目标、绩效指标等内容进行同步申报；组织对项目预期绩效设定进行科学论证，可引入专家论证环节，研究和评审项目的可行性，对项目绩效目标设定、绩效指标建设进行审核。

（二）严格绩效跟踪程序

确定目标责任，明确各管理部门对专项资金执行过程中的监督和检查任务；建立预算执行预警机制，强化偏离绩效目标时的调整措施。

（三）落实绩效评价程序

规范项目绩效自评报告的要求要点；各专项部门在规定时间内提交规范的绩效自评报告，由学校绩效评价小组进行评审检查。在检查评价方式上，尽量做到多元化，外部评价与内部评价相结合，必要时可开展绩效审计。

（四）坚持绩效考核程序

落实项目完成后的绩效考评程序，强化奖惩；重视评价结果运用，制定绩效评价信息公开程序。

值得注意的是，绩效管理工作机制一定要覆盖管理全过程，防止漏掉容易被忽视的事中绩效管理，对预算执行效果进行"绩效跟踪"，保证预算执行过程不偏离绩效目标，优化绩效管理效率。

二、构建专项资金绩效评价体系

学校应积极构建符合实际的绩效评价指标体系，按照规范的评价程序进行评价，利用科学、严谨、有效的评价指标，运用科学的评价方法衡量绩效评价结果。首先，绩效评价工作必须坚持"公平、公正、公开"原则，保证绩效评价结果的真实性和可靠性；其次，绩效评价体系的构建应遵循科学合理的原则，以学校发展战略和中期规划为基础，按照主管部门统一部署的要求构建，绩效评价不能简单片面的只靠分析几个指标。在指标的制定上，高校应该尽量做到定量指标与定性指标相结合、财务指标与非财务指标相结合、理论性与实用性相结合，依据学校的营运状况和专项特点，设立共性化与个性化相结合的绩效考评指标体系和评价标准，设定不同维度的、可衡量的、清楚的、产出和效益明确、动静态结合的绩效评价体系。最后，绩效指标的体系要与资金量相匹配，选择适中的指标数量，保证绩效评价结果质量的同时，控制评价成本和工作量。

高校可以根据实际情况利用多种评价方法进行绩效评价，如引入平衡计分卡，这种评价方法是基于四个维度来建立指标体系，全面评价各个维度中的指标要素对总体绩效的影响。

三、制定科学有效的绩效考评机制

通过建立有效的绩效考评机制提升专项绩效管理。学校可以建立专项绩效考核小组，负责组织和管理绩效考核工作。设定专项绩效考核负责人，绩效考核的首要目标是与学校的战略目标和中期规划有效结合，并根据专项特点设置关键考核指标。

有需要时，高校可以引入外部评价，委托有关部门或者第三方中介机构进行绩效评价，并将评价结果作为考核的重要依据之一。绩效考核一定要制定有效激励和绩效问责，以此来提升专项绩效负责人的积极性、约束其工作，保证绩效管理工作的顺利实施。

例如，高校每年可自行公布绩效自评考核结果，对绩效自评结果优秀的项目所属部门给予奖励，对绩效自评结果不理想的项目所属部门进行批评、令其整改。并将此结果作为下一次申请项目的参考之一，以此督促各项目部门着眼长远利益，加强自身绩效管理。

四、建立预算绩效管理信息体系

有效的绩效管理是建立在信息对称的基础之上的。通常项目的有效信息主要集中在项目实施部门，绩效管理部门因缺少对项目的信息掌握，往往只能依托项目实施部门提供的部分数据进行评价和管理，不能完全保证管理的有效性和客观性。因此，建立预算绩效管理信息体系就显得尤为重要。高校可以通过建立预算绩效管理信息平台，将专项资金的申报、评审、批复、执行、成果等信息纳入信息库管理，分人员设置信息权限，实时采集绩效目标的设定、绩效的执行、绩效的规划与执行过程中的偏差情况以及绩效指标的完成情况等信息，以保障绩效评价工作的有效性。

高校可以充分利用绩效管理信息平台：①对项目实施进行监督，有助于项目实施部门累积绩效数据，重视绩效管理；②将项目执行情况及时汇报给相关领导，便于领导掌握项目实施的动态情况；③及时发现项目实施过程中存在的问题，保证相关人员能够更准确地对项目进行整改或调整，保证绩效目标的实现；④分析项目信息，不断修正和完善绩效评价体系；⑤提高项目绩效的透明度，利用信息平台公开项目绩效信息，接受外部监督；⑥为绩效考核提供客观、科学的信息依据。

五、培养绩效管理专业队伍

专业队伍是保障工作顺利完成的基础，培养专项绩效管理人员，努力提高绩效管理部门相关人员的管理水平迫在眉睫。学校应当组织财务人员以及实施有关项目的业务部门，加强绩效管理知识培训和学习，采取专题讨论、专家讲解、交流学习、模拟预演等多种方式，多层次、多角度地提升工作人员的绩效管理水平；还可以开展绩效评比活动，对学校不同部门之间项目绩效进行评比和跟踪访问，强化各部门的绩效意识，旨在让预算绩效理念深入人心。

只有不断提升绩效管理人员的理论知识水平，帮助他们积累工作经验，使其掌握绩效评价工具，让绩效管理理念深入人心，才能保障绩效管理工作的顺利进行，并不断推进绩效管理进入新台阶。

高校财政专项资金绩效管理工作虽然仍处在起步阶段，但是各高校已经在着手研究和完善此项工作。总体来说，对绩效管理理念的重视是保障绩效管理的前提，建立健全高校财政专项资金绩效管理的各项制度是做好绩效管理工作的根本，只有这样才能真正提升专项资金的绩效管理水平，让专项资金物尽其用。

第三节 高校预算支出绩效管理

近年来为进一步提升高等教育现代化水平，国家将大量的财政资金投入高等教育事业的发展上，同时随着教育事业收入水平的不断提高，高校财务预算管理方式发生了重大的变化。在保障高校正常运转、事业发展的前提下，如何科学、合理配置资源，提高资金使用效益，实现高校的可持续发展，已成为当前财务预算管理工作的重心。

一、预算支出绩效管理的理论基础

（一）预算支出绩效管理的含义

预算支出绩效管理是指在预算管理全过程中实施绩效管理，即在预算制定时设立绩效目标，在预算执行过程中进行绩效监管，在项目完成时开展绩效评价，在预算安排时依据评价结果。预算支出绩效管理的目的是在高校资金投入有限的情况下，科学配置资源，提高高校资金的使用效益。

（二）开展预算支出绩效管理的必要性

1. 适应高校内部管理需求

目前我国高校的预算管理仍只是侧重资金来源渠道、部门使用需求等方面，在资金投入前的充分论证、项目执行过程中的有效监管和项目产出后的科学评价等相关环节缺少相应手段，没有真正发挥预算管理对经济活动的指导作用。而开展预算支出绩效管理正是适应现代大学制度高校财务管理体制的需求，预算支出绩效管理的模式可以提升高校财务管理科学化、精细化水平，科学合理分配高校预算资金，从而实现资源配置效率的最大化，保证高校战略目标的实现。

2. 适应政府管理需求

近年来，国家十分重视预算绩效管理工作，并出台了相关文件。在《国家中长期教育改革和发展规划纲要（2010—2020年）》中指出，高校经费使用要建立绩效评价制度，重大项目经费要加强使用考评等经费管理的相关要求。2014年3月，辽宁省财政厅、辽宁省审计厅、辽宁省直属机关目标绩效管理工作领导小组办公室联合下发了《省直部门预算绩效管理工作目标绩效考核实施方案》，在这份文件里面指出，省直各部门需要对预算绩效管理工作进行考核，并且最终的结果将会被纳入省直机关目标绩效管理考核体系。

二、高校预算支出绩效管理存在的问题

（一）绩效管理理念需要进一步增强

目前大部分高校没有真正地意识到预算绩效的重要性，虽然在安排支出预算时能够按事情的轻重缓急来考虑，编制过程通过自下而上、自上而下的方式，使高校各部门能够全程参与预算的编制，可是它们并没有关注资金投入之后取得的绩效如何。正是因为如此，在投入的全部资金项目之中，有一部分的项目是难以取得较高绩效的，这将资金的使用效益拉低，但是因为不重视绩效，所以无法在一开始投入资金时，就排除那些低绩效的项目。

（二）规范的预算绩效管理模式还处于起步阶段

在我国，科学、规范的预算绩效管理模式才刚刚起步。在编制预算时，首先需要注意的就是确定绩效目标，即想要达到一个什么样的结果，其次是严格监控预算的执行，最后需要对绩效结果进行总结评价。但是对于上面所说环节的管理工作，我们仍然处于起步阶段。

（三）绩效评价质量有待提高

在我国，绩效评价的质量亟须提高。因为还未建立起科学、规范的绩效评价体系。在不同的地区，有着不同的评价标准，因此，它们之间的评价指标等不能进行比较，因而按照多样的评价标准得到的评价结果是不够科学、公正、合理的，其评价质量自然就会受到质疑。

三、高校预算支出绩效管理分析

在预算支出绩效管理之中，首要的应当是绩效效果，其达成绩效目标。

（一）将绩效管理纳入预算编制环节

在预算管理中，如何进行预算编制是其根本，若要对其进行改革，需要深入理解一些重要的绩效理念并全程贯彻。

第一，需要明确该高校的战略目标。对于各大高校而言，预算制定依据的是高校工作目标，所以在进行正式的预算编制前首先要明确高校的战略目标，然后根据目标明确绩效评价体系。在这一体系里面，编制预算需要参考到的主要有高校的战略规划以及绩效评价指标等。

第二，需要紧密结合该高校的绩效目标、计划以及预算编制。对于绩效管理工作，绩效目标作为其基础以及前提，在进行预算编制工作时，需要依据科学合理的规范进行资金等的确认。绩效目标和部门目标应当是紧密结合的，除此之外，它还应该是能够达成且可以衡量的。

第三，需要评估申报的预算具体的实施绩效。这个绩效评估并不是在实施之后进行的，而是在实施之前进行一个大概的评估。这种评估，有利于确定申报的预算具体需要多少。

（二）将绩效管理纳入预算执行和控制环节

对于执行以及控制预算，也需要有效的绩效管理。对此，需要进行一定的绩效改革，首先要让绩效的理念深入人心，然后需要严格监控资金的具体使用情况，提高资金的利用率。

第一，加强控制产出以及结果。以前传统的预算管理，更为看重的是资金等资源的投入，而忽视了产出以及结果如何。然而，投入资源的产出结果正是绩效管理的核心所在，故而，在改革绩效管理的过程之中，我们需要加强控制产出以及结果。在加强控制产出和结果时，还要注意结合绩效目标以及资金管理，以防偏离目标时能够做出调整。

第二，平衡好集中控制以及管理的灵活性。按照管理的要求，既要赋予预算部门一些自主权，还要保证有利于集中控制。让相关部门根据其绩效拥有权力，但是要权责分明，既有工作的积极性，又需要承担相应的责任，这使得这些部门自主地加强对预算的监控。

第三，完善绩效运行跟踪监控管理系统。我国的财政部预算司对于绩效跟踪监控机制出台过文件，如定期采集相关信息、监控其运行等，最终达到绩效目标。

（三）将绩效管理纳入绩效评价结果反馈与运用环节

第一，将绩效评价结果反馈和应用机制建立起来。通过反馈结果明确预算执行情况，然后找出管理中的弊病，再有针对性地提出解决策略，进一步完善绩效管理工作。

第二，公开绩效结果。公开绩效结果能够让群众对绩效结果有所了解，并且对其进行监督。这样一来，一方面能够约束相关部门腐败行为的滋长，另一方面可以让单位之间有一定的竞争，提高自己单位的工作绩效。

第三，根据绩效评价结果建立相应的约束和激励机制。对于绩效评价结果，首先需要将其公开，此外需要进行一定的奖惩，如此可以提高资金的使用效益，有利于相关部门提升预算管理水平。

第四节　绩效考评机制在高校预算管理中的应用

传统的预算管理方法有着许多弊端，长期使用传统方法，会让高校的资金运作遇到不少难题。一个高校在运作的过程中，如果引入了绩效考评机制，会大大增加资金的利用率，降低高校运行遇到风险的概率。如果不进行有效的改革，就算绩效管理机制与预算管理互相结合，也是漏洞百出。确立方向时，应在考虑经济效益和时间效益的背景之下进行。如果一项工程进行的时间较长，其中所用到的人力、财力等都是高校在没实施建设之前所不能预见的。

在引入绩效考评机制之前，各个高校在预算管理方面有着不少的缺陷，导致预算的管理效率低下，资金运用也不合理。在使用绩效考评机制以后，以上所说的缺点都会被消除，而且可以优化高校的预算管理层次，让各高校运作方式更加符合其实际情况。

一、绩效考评机制的重要性

高校的建立是为了让从高中毕业的学生有一个可以接触社会的地方，使他们更好地完善自身的学习知识体系。由此看来，高校建立的目的显然不是谋求最大利益，但高校的负责人也应该考虑学校运作所产生的费用问题：资金不充足，如何才能扩大学校的规模，如何才能请到更好的教授来为学生们答疑解惑等。这样看来，高校预算也是高校中必不可少的一项工作。传统的预算管理方法有着许多弊端，长期使用传统方法会让高校的资金运作遇到不少难题。

一个高校在运作的过程中，如果引入了绩效考评机制，会大大增加资金的利用率，降低高校运行遇到风险的概率。其实预算管理也是一种资金管理方式，合理使用预算管理，有利于高校资金运转。将绩效考评机制运用到预算管理中，将各个高校之间的经济关系联系起来，但预算管理并不是资金运用的最重要目的，所以管理者可以适当调整预算管理策略，更好地为高校服务。

二、绩效考评机制和高校预算管理结合的基础条件

只有将绩效考评机制和高校预算管理的基础条件统一，才能将两者结合起来，但做起来并不是特别容易的事情。

（一）合并所有预算

一所高校在运作期间，每天费用支出都是非常大的数字，如果还用以前传统的预算管理方法，就不能够将全部的预算纳入其中，导致资金运转出现问题。将所有预算进行合并，才能最大限度地展示绩效考评机制的功能。

（二）改革预算方式

现在的高校中用的主要是两种预算编制方法，这两种方法都不能做到将预算内容细致化、明了化，所以应该对预算编制体系进行更新，避免预算本身出现的任何问题。如果不进行有效的改革，就算绩效管理机制与预算管理互相结合，也是漏洞百出。

（二）合理修正会计制度

很多高校的会计制度与两者（绩效管理机制与预算管理）的结合都是不相容的，合理修正会计制度，以达到两者结合所要求的条件。绩效管理机制与预算管理结合后，对会计方面的工作也会大有好处，大大减少了不必要的开支，有利于会计工作的开展。

三、绩效管理

（一）绩效预算管理

一开始，高校的领导人就应该组建预算小组，找好一年预算管理的总方向。确立方向时，应在考虑经济效益和时间效益的背景之下进行。预算小组中的相关管理人员要做好对预算过程的监督工作，避免出现漏预算等问题。

预算小组成立之后，将预算的总目标拆分为各个小目标，分配给以下的各部门。各部门根据自己的小目标，完成支出预算。支出预算包括营运预算和资本预算。营运预算是指此高校为了维持正常的运行而产生的费用，包括水电费、维修费等。资本预算说的是高校为了以后更好的发展，对将要建设的工程或者在准备阶段的计划进行成本预算，包括扩展校区、建立公共设施等。在对各个小目标进行预算的同时，也为预算小组提供了更好的选择余地。绩效考评机制在高校的资本预算中产生了很大的作用，因为高校的营运预算主要是高校每日的财经支出，这些支出都是在需要的时候便立即执行，对高校来说看得见，可以更好地掌控。而对于资本运算，是未来高校建设而支出的预算，高校对于未来的发展并不能很好地把握，所以便需要绩效考评机制来"辅助"资本预算。由于我国目前并没有运用过绩效预算，对绩效考评只能从现有的资本预算项目中慢慢开始，一步步展开。

（二）绩效考评管理

绩效考评包括对项目实施过程和其完成情况的考评，两种考评的内容从名字中便可以得知，一个是对项目实施过程进行跟踪评测，另一个是等项目实施完成后对完成情况及效果进行评测，这两种评测是必不可少的。进行第一种评测时，从项目刚开始时，到对其进行投资，再到各个阶段，直至项目结束之前，都需要对此项目进行认真细心的评测，保证项目的顺利完成。在此评测中，最重要的就是评价项目的效率性。进行第二种评测时，着重对项目的有效性进行测评。有效性说的是项目完成后，与其刚开始制定的目标相比较，看看项目最后的效果如何。项目的有效性中最重要的就是评价管理的责任性,这项工作做好了,有利于绩效预算的实施。

高等教育学校是为国家培养人才的地方,来自不同地区的人在那里产生思想的交汇,在知识的海洋中遨游。如何才可以让高校发展得更好,培养更多的栋梁之材,那就需要资金的支持。绩效考评机制对高校的预算管理起着很重要的作用,把握利用好它,会让高校在运作方面大大受益,不会为了资金而出现内部问题。

第五节　基于预算绩效管理的高校基本建设预算内资金管理

全面实施预算绩效管理是建立现代财政制度的重要内容,是国家治理和财政预算管理的深刻变革。本节通过分析认为,高校在基本建设领域应树立绩效管理理念,以建设资金为绩效管理切入点,以建设成果为绩效管理导向,创新高校基本建设预算内资金管理模式。坚持权责对等,健全高校基本建设预算绩效管理制度,完善高校基本建设全覆盖预算绩效管理体系,建立高校基本建设全过程预算绩效管理链条,构建高校基本建设全方位预算绩效管理格局。

2018年9月25日,中共中央、国务院印发了《关于全面实施预算绩效管理的意见》(以下简称《意见》),指出全面实施预算绩效管理是推进我国国家治理体系和治理能力现代化的内在要求,是建立现代财政制度的根本目标。高校要在3～5年的时间基本建成全方位、全过程、全覆盖的预算绩效管理体系,凸显了时间紧、任务重、难度大的特点。基本建设是高校预算绩效管理的重要方面,高校基本建设的主要资金来源是财政预算资金,财政预算资金具有资金量大、资产占比高、建设周期长、管理风险较高等特点。因此,搞好基本建设预算内资金绩效管理是高校树立绩效管理理念、完善预算绩效管理体系、构建全方位预算绩效管理格局、优化财政资源配置、提升高校公共服务质量的关键。

一、基本建设预算内资金管理存在的问题

(一)财政拨入的基本建设预算内资金管理存在的问题

目前高校基本建设资金的来源主要有:自筹资金、银行贷款和财政预算内拨入资金三个渠道,其中以财政预算内拨入资金为主要来源。财政拨入的基本

建设预算内资金主要通过"基数"+"增量"的方式来确定，并由教育行政主管部门下达给各高校。目前，这种拨款模式主要存在以下问题。

1. 争"增量"

各单位各个时期基本建设的"增量"不尽相同，基础设施发展也不平衡。教育体制改革以后，国家的教育投入一直在不断提高，但各单位基础设施建设的缺口依然很大。由于以前一直重投入、轻绩效，这种政策导向助推各单位拼命争"增量"，使得基数过低、发展较快的单位一直为"增量"不足而努力，基数相对正常、发展较快的单位也在努力争取"增量"，基数相对较高、发展更快的单位对"增量"的诉求同样不减。争取预算"增量"几乎是各单位的共同诉求，项目资金申报时"头戴三尺帽，不怕砍三刀"常态化的状况很难扭转。

2. 努力"追加"

一般来讲，预算资金一旦确定就很难再变，但也不能一概而论。基本建设的预算执行过程中，最大的变数主要在于合同的变更。近年来，尽管预算控制越来越严、核算越来越精确，除了因增加辅助设施或附加配套设施建设等导致"追加"预算，合同变更导致超预算也是常见的现象，而对合同变更管理的关键是签证。基本建设具有周期长、运作复杂、资金量大等特点，合同签订和履行过程中经常会出现未定事项或变更事项，这就需要合同双方通过签证进行确认或补充。基本建设所指的签证是在合同履行时，双方对设计变更、工期变化、质量要求变化、价格调整等达成一致的协议。其发生的类型主要有：一是因开工延期发生的签证；二是因工期延误发生的签证；三是因窝工、停工损失发生的签证；四是因价款调整发生的签证；五是因工程量确认发生的签证。承包人的常规做法是坚持"低中标、勤签证、高索赔"的策略，在基本建设过程中，任何工程没有签证几乎是不可能的，因而进一步强化对合同变更管理特别是加强对签证的管控，是当前基本建设预算资金管理的关键。

（二）高校基本建设预算内资金存在的风险

高校基本建设项目因学科设置的差异对项目建设有不同的需求、标准和设计规范，高校的基本建设部门根据学校实际情况规划，结合项目使用单位的学科特点、用途、使用功能的多样化需求，进行定制型的工程设计、施工和设施配备。部分高校为了多争取基本建设预算内资金，在项目前期准备工作不到位、可行性论证不充分的情况下，仓促上报建设项目的可行性研究报告；在项目开工准备工作尚未就绪的情况下，提前进行预算内建设资金申报，超实际支付能力上浮申报金额;为了赶超资金支付进度,部分高校匆忙进行工程采购、招投标工作,在合同条款中尽可能放宽工程款支付条件、提高工程预付款比例、提高工程支付进度款比例、缩减工程质量保证金比例等,加大了高校基本建设预算内资金的安全风险。由于工程前期设计、招标工作的仓促,建设施工过程中不断增加变更、签证工程量,导致高校和施工单位双方项目竣工结算争议较大,建设资金难以顺利支付,建设项目实际执行进度与基本建设预算内资金的下拨时间、下拨额度不相匹配。

(三)突击花钱现象严重

由于高校预算内资金下年度支持额度与各高校当年预算内资金完成情况密切挂钩,为了获取更多国家财政资金的支持,部分高校采取各种措施确保当年预算内资金额度的完成,为了花钱而花钱。

上述问题有的是客观存在、无法避免的,但也有不少是政策因素和人为因素造成的,是可以通过继续深化体制机制改革、不断探索完善绩效考核评价体系解决的。

二、高校基本建设预算内资金管理改进措施

(一)完善绩效评价体系

基本建设预算内资金绩效评价体系主要包括以下几种:以工代赈、以拨代核的简单评价体系,传统投入型预算考核评价体系,贴息型考评体系,以奖代补型考评体系等。这些评价体系尽管因历史时期和专项要求不同,其规则、指标、要求和目标不完全相同,但考核评价办法都比较单一。目前对高校的基本建设预算内资金以传统投入型预算考核评价体系为主。这种考核评价体系,主要通过对竣工验收并交付使用或运营一段时间后的建设项目的相关资料进行充分梳理后,向上级主管部门申报,上级主管部门指派专业评审机构运用指定的评价方法和指标,将所建项目的实际效果与申报资料、初步设计文件、审批文件、资金使用的规范性、效益性等进行比对与分析,通过合规性审核、目标性预测与审验、效益效果的判定等来考核与评价。由于高校基本建设预算内资金的绩效评价存在起步较晚、实践和理论研究不足、指标体系规范化程度不高、评价主体缺位等因素,造成事后评判多、定性问题多、人为因素多,突出体现为"重投入,轻绩效"。完善绩效评价体系要从制度评价体系、组织评价体系、指标体系、标准体系、评价方法这五个方面入手。

从制度评价体系看，就是要检查建设单位和建设项目是否做到全方位、全过程都有章可循，检查制度是否健全、执行是否有力，这是对建设周期全过程合法合规性的考核与评价。

从组织评价体系看，大部分高校通过内设基建处室或基建办来承担本单位的基本建设任务。这种模式的最大优点就是专业水平高、信息顺畅、灵活性大、控制能力强、资金使用和质量控制把握性大。但正确运用代理制模式也是提高基本建设绩效水平的不错选择，如对那些规模较小、技术比较成熟的项目建议采用项目公司介入的模式；对那些规模不大、项目较多的工程建议采用项目部管理模式；对那些项目偏大、组织复杂的工程建议采用代建制管理模式。这样既可以减少人力投入、分散决策集中控制，又有利于落实责任、提高市场化水平和绩效管理水平。对组织体系的绩效评价，就是要检查其机构是否健全、责任主体是否明确、模式选择是否经济高效。

从指标体系看，当前正在使用的预算资金投入前、建造过程中和竣工后的指标体系还不够完善，人为干扰因素很多，定性指标依然不少，指标间融合性、逻辑性不够强。要进一步量化绩效目标指标、方案决策指标、预算投入指标、过程管理指标、预期产出和预期效果指标，真正实现经济性指标、效率性指标、有效性指标的有机结合，形成评价体系内各关联指标环环相扣、互为因果的科学完善的有机整体。

从标准体系看，标准是绩效考核与评价的标尺，各项指标是否完成、完成的好坏全部按照原先设定的标准来评判。由于各地基本建设标准不尽相同，实行统一的绩效标准体系难度很大、也不现实。受到定性标准较多、定量指标有待完善等因素的影响，建立科学的绩效标准评价体系还需要各界的共同努力。高校基本建设绩效标准体系建设要从评价队伍规范化建设、逐步增加量化指标、规范打分标准、明确各指标权重、规范评价报告等方面进行深入研究和实践探索，其目标是实现一致性、公平性、规范化和准确性的统一。

从评价方法看，目前普遍采用的形式有委托评价和自评价两种。评价的时间一般为中期评价、后期评价或一次性评价。操作上一般采用打分制。笔者建议，有条件的部门和单位对定量指标进行大数据、电子化全程或阶段性跟踪评审评价；对制度体系实行立项前或预算资金拨入前预评价；适当减少行政化干预因素，增加市场化评价因素；对组织评价体系中模式选择等重要问题可采用大数据、历史参考值和实际情况相结合的方式进行评价。

（二）创新资金管理模式

在资金管理模式上，对评审结果达标的建设项目，主管部门应当采取基本建设预算内资金归垫奖励的方式，将一定额度的预算内建设资金拨付到高校实有资金账户。由过去学校基本建设预算内资金教育行政主管部门先拨付、后使用的模式，转化为对绩效评审确认通过的建设项目给予资金补偿、奖励的预算管理模式，从而实现高校基本建设预算内资金的绩效管理目标。主管部门在保证重点、确保基数的前提下，结合高校特点和实际，适当增加贴息、以奖代补比例，并逐步完善考核和绩效评价体系。鼓励那些运作规范、想干事、能干事、干成事的单位优先创新发展。

三、高校基本建设全方位预算绩效管理的实施

基本建设项目是高校的主要硬实力，要管好用好基本建设预算内资金，促进和加强高校基本建设全方位预算管理，就必须不断强化绩效管理。

基本建设预算内资金项目绩效评审通过后，要予以适当的资金补偿，或者作为下一年度、以后项目预算的调增要素。改变当前高校基本建设预算内资金"撒胡椒面"的拨款方式，鼓励高校树立可持续发展的战略目标，注重校园建设的总体设计规划，避免高校为了争取财政拨款项目匆忙上马的草率行为。

严把申报关、立项关。要引导高校基本建设部门重视项目建设的前期调研工作。主管部门要严把申报关、立项关，采用"一案两审"的办法严把"入口关"。所谓"一案两审"是指主管部门、专家先对申报、立项进行评审，上级主管部门再对评审者的公正性、公平性、客观性、合规性进行评审。"一案两审"帮助高校真正做到集中力量把钱用在刀刃上，鼓励高校打造经得起时间、经得起历史考验且凸显高校实力、氛围、文化的项目。

适当下放资金管理和使用权限。项目建设资金由学校自有资金先行支付，预算内资金后拨付。将建设资金的管理、使用权限下放给各高校，这样可以增强高校建设资金使用的自由度与灵活度，扭转现行基本建设预算内资金下拨时间、下拨额度与工程实际执行进度不相匹配的现象。

权责对等，降低风险，提高效益。上述"先建后拨"模式，促使各单位增强例行节约搞建设的意识，引导高校更加关注项目施工过程中的变更、签证，规范高校建设施工合同的签订与管理，改变高校基本建设工程因图纸设计不到位、合同变更频繁、签证量过大、签订的合同条款有瑕疵等原因造成的工程付款有歧义、结算时讨价还价、工程造价核算审核久争不决、依靠谈判确认审计

结果等现象，促进高校基本建设事权与支出责任相匹配，切实做到"花钱必问效，无效必问责"，降低高校基本建设预算内资金财务风险，提高资金使用效益。

四、关于高校基本建设预算内资金管理的几点建议

（一）坚持政策导向

2018年《意见》出台后，财政部一直在抓紧细化具体管理办法和具体操作规程，并积极会同各地和有关部门认真抓好贯彻落实，有效地保证了《意见》各项要求落到实处、发挥实效。希望今后出台的细则，要着眼于切实扭转"重投入轻管理、重支出轻绩效"的局面，把有限的高校基本建设财政预算资金向重点领域、重要学科、重大课题和重要人才培养项目倾斜，充分发挥预算资金"四两拨千金"的效能。

（二）坚持结果导向

在一般公共预算绩效管理体系中，要建立健全对高校基本建设预算内资金绩效考核和评价的相关规定，进一步完善相关制度，明确考核评价的组织体系，划清考核评价的范围和内容。对考核评价结果较好的单位，即对预算执行较好、投入产出比较高、管理规范、合法合规性全覆盖的单位，要给予政策倾斜，并给予实质性激励；对那些管理粗放、考核评价不过关的单位，要责令纠正错误，做到"立审立改"，并规定相应惩罚措施，真正实现预算管理、绩效评价一体化运作。

（三）完善权责对等机制

下放管理自主权的目的就是要使预算执行单位履职尽责，发挥干事创业的积极性。但是，如果不明确并落实主管部门和具体预算执行单位的主体责任，制度就形同虚设，改革就会失败。主管部门和预算执行单位的主要负责人要对本部门、本单位预算管理的绩效负全责；各项目责任人要对所管项目预算管理的绩效负全责。要建立和完善对重大项目责任人绩效考核评价的终身责任追究机制，切实提高高校各级主管部门和责任主体的绩效意识和责任意识，真正构建有权必有责、有责必担当、失职必追究的权责对等机制。

（四）抓关键环节

抓好关键环节是提升高校基本建设预算内资金绩效预算管理的有效手段。一般而言，可行性认证、申报、立项、预算批复、工程招投标、模式选择、合

同变更及签证、工程造价审核、会计核算与管理、决算批复、绩效评价等都是很关键的环节。各单位情况不同，关键环节和关键点各有侧重，只有各责任主体坚持狠抓关键环节和关键点，预算执行、绩效管理才不会出现重大错误。

（五）鼓励创新

经过多年的实践探索，各地各部门对高校基本建设预算内资金绩效预算管理已经积累了丰富的经验，创新成果也非常多，如资金拨付与管理模式的创新、预算内资金绩效评价体系的探索与创新、主体责任落实方面的探索与创新、责任追究方面的探索与创新、奖励与约束机制的探索与创新、重大项目责任人绩效考核评价终身责任追究机制方面的探索与创新等都取得了丰硕的成果。但是，创新永无止境。主管部门在"增量"上要对勇于创新、成效明显、经验便于推广的单位进行政策倾斜或一次性奖励，以便激发各单位干事创业和创新的热情。

当前高等教育经费来源还比较单一，资金多元化格局尚未形成，绝大部分高校的经费来源依然是政府财政拨款。完善学校财政资源配置、加强高校基本建设预算内资金绩效预算管理、提高建设资金使用效益，是高校全面实施预算绩效管理的关键，也是我国实现高校人才培养发展战略的重要保障。

第六节 高校贫困生资助工作绩效管理体系构建

本节主要分析当前高校贫困生资助工作绩效管理的成果，分析高校贫困生资助工作中存在的问题，通过绩效考核、构建信息化平台等方式解决高校贫困生资助工作中存在的问题，促使高校贫困生资助工作绩效管理体系走向成熟。

一、高校贫困生资助工作绩效管理的现状

随着我国教育的不断改革，各大高校形成了以奖学金、助学金、助学贷款、勤工俭学等为主体的学生资助体系。学校还成立了贫困生资助管理中心，帮助各学院开展学生资助工作。然而，当前我国各高校在贫困生资助工作中还存在很多问题，需要高校进行改进，以提高资助工作的效果。首先，高校没有明确贫困生资助工作考核制度实施的目标。在贫困生资助工作中很多高校都是走过场，没有保证考核有明确的准则。其次，在考核的过程中缺少标准的体系，导致考核工作无从下手，没有统一的标准，没办法保证考核的公信力。最后，高

校在考核的过程中只注重结果而忽略了过程。高校一般都是根据各个学院上报的材料进行考核，与学院之间缺少沟通，对贫困生资助工作不清楚，影响考核结果。考核结束后，一般都是把结果通知给各个学院，高校很少会花时间总结经验，导致贫困生资助工作中存在的一些问题一直没有解决。

二、高校贫困生资助工作绩效管理体系的构成

绩效考核的概念源于管理学，主要是为了有一套制度化的方法来衡量人们的职责，保证工作能够顺利完成。绩效管理是一个系统，它包括绩效计划的制订、绩效考核的实施以及考核结果的应用，强调的是通过绩效管理企业可以有组织、有秩序地进行发展。

在高校资助工程中建立绩效管理体系，是为了保证高校能够顺利开展工作。学校资助工作的绩效可以看成组织绩效，各个学院在实施工作中可以看成员工，资助工作的绩效应该对应员工的绩效。高校贫困生资助工作绩效管理体系主要包括绩效计划、绩效实施、绩效考核、绩效反馈以及绩效结果五个部分。一是绩效计划。绩效计划是高校贫困生资助工作绩效管理体系的开始，有计划才能够引导资助工作开展。贫困生资助工作的管理者和实施者要根据学校资助计划、学院贫困生的分布状况对资助工作进行实施，保证资助绩效管理有一定的参考指标。二是绩效实施。学校为了保证贫困生资助工作的实施，就需要确保资助工作按照计划进行。在进行资助时要保证学校、学院、学生之间的沟通，只有及时掌握学生的情况，才能够发现资助工作中出现的问题，及时解决问题。三是绩效考核。在贫困生资助工作中，绩效考核占据很重要的位置，学校根据资助计划收集信息，学院对学生的情况进行分析和评估。四是绩效反馈。绩效考核结束后，学校和学院就会进行讨论，通过绩效反馈认识到贫困生资助工作中存在的问题。五是绩效结果。学院可以将考核结果应用到资助资金的投入分析上。

三、构建高校贫困生资助工作绩效管理体系的建议

（一）明确权责，建立管理组织机构

高校贫困生资助工作比较复杂，其中牵扯到很多问题。贫困生资助工作的主体主要有资金来源方、资助工作管理者、资助工作实施者以及资助对象等。在高校资助工作中，各个学院的管理者是资助工作的实施者，而学校既是资助工作的管理者还是资助资金的主要来源方。要想更好地推进贫困生资助工作，

就需要明确贫困生资助工作中的权责问题。学校和学院在资助过程中分别担任资助工作的管理者和员工的角色，为了保证资助工作绩效管理体系的有效运行，就需要学校的贫困生资助管理中心承担资助绩效管理考核工作，各个学院也要设立管理机构，保证贫困生资助工作能够顺利进行。贫困生也可以参与到资助工作中来，及时向学校反映信息，保证资助工作的透明化。

（二）从贫困生的需求入手，制定资助绩效考核标准

在制定资助绩效考核标准时，首先要从贫困生的需求入手，分为不同的工作阶段，保证最后"资助育人"战略的实现。资助绩效考核标准的制定需要先掌握各学院贫困生的特点，然后深入了解贫困生的分布和贫困程度，比如可以采取贫困生评议的方法，让学生来进行评价。学校可以和学院进行沟通，然后根据贫困生的实际情况制订资助计划。资助资金除了国家拨款、银行贷款，还可以向社会寻求帮助。让学校和学生能够全面认识到单靠经济的资助是不行的，还需要学生多从自己的生活入手，找一些勤工俭学的工作，既能帮助学生解决生活问题，还能提高学生的生存技能，促进学生的全面发展。

（三）转变工作方法，提高管理绩效

在高校贫困生资助工作绩效管理中，为了保证各个阶段的工作都能够得到及时整理，就需要转变工作方法。在资助工作实施过程中，需要学校、学院与学生之间相互沟通，建立比较系统的资助工作管理标准，比如贫困学生认证制度、资助资金管理使用制度等，通过这样的方式来规范资助工作。高校在发放贫困生资助金时，不要抱有发放完之后就没事的观念，要保证学院能够花时间去监测学生的动态，当发现贫困生用资助金做一些不符合资助要求的事情时及时进行干预，保证资助金能够被合理利用，帮助贫困生完成自己的学业。在资助的过程中，学校可以与学生签订协议，保证学生有计划地去使用这笔资助金，让学生能够在日常生活中积极向上，利用资助金提升自我，促进自身的全面发展。学院也要引导学生，对学生进行科学的评估，对于不符合要求的学生免除其次年的资助金，提高资助金管理的效率。

（四）根据资助绩效计划，建立健全绩效考核体系

贫困生资助工作的绩效目标具有现实性、全面性和综合性的特点，所以在建立绩效考核体系时要结合贫困生资助的指标，这样能够保证高校的各学院做出客观公正的评价。良好的资助绩效考核体系主要包括学生对于资助的满意程度、受助学生的学习生活是否得到改善、资助工作运行指标的完成情况等。资助工作的成效主要体现在学生对资助工作的满意度上,这个能够衡量资助工作的公平性。贫困生接受资助主要是为了改善他们当前的物质生活,只有提高了物质生活水平,才能够让他们有更好的机会去学习,满足他们的精神需求。学校管理者要多与学生进行沟通,保证获得更全面的资助信息,还可以要求学院把日常资助工作汇报给学校,为学校提供更科学的数据。

(五)利用现代科技手段,建立贫困生资助管理体系

若要建立更全面的贫困生资助管理体系,就需要利用现代科技手段。利用现代信息技术收集信息、分析资助工作中存在的问题,把数据输入到管理平台中,有助于资助过程存档,保证资助的情况有记录,便于以后的资助工作绩效管理的开展。高校可以在贫困生资助工作管理系统中建立贫困生档案数据库、资助资金来源管理模块、各类资助资金发放管理模块等。通过这个管理系统,学校能够掌握各个学院资助学生的情况,然后根据各个学院提供的资助对象的信息,分析资助对象的情况,进而提高资助工作的效率。

综上所述,为了保证每位学生都能够有机会上学,实现教育公平,贫困生资助体系在我国教育改革中应运而生。要想有效地进行贫困生资助工作,就需要高校管理人员从多方面对资助工作的现状进行分析,找出存在的问题,构建全新的工作绩效管理体系,为高校贫困生资助工作的评估提供合理的建议。

第七节 高校财务"目级预算与控制"管理的应用

高校财务精细化管理和财务信息公开的推进,促使高校在财务预算与核算改革方面需要有新的突破。《高等学校会计制度(征求意见稿)》进一步细化了高校会计核算制度,明晰了事业单位核算标准和方法,加强了高校教育成本核算。"目级预算与控制"应现代高校财务管理环境的变化而生,为高校财务预算管理和经费绩效考评提供了新的思路。

财务预算是高校财务管理的重要内容。长期以来,高校财务预算与会计核算脱节,导致资金预算估计不足,财务预算松弛,经费调整随意性大,会计核算监管不足,财务预决算差异较大。近年来,高校教育成本核算逐步深化,绩效财务观念深入人心,切实加强高校预算管理已成为实现高校有限资源的优化配置和提高资金使用效益的重要任务,也是当前国家加大教育经费监管、提高经费使用效益的根本要求。

一、高校财务预算管理研究概述

一直以来，高校财务预算是社会较为关注的问题。自 1993 年以来，我国先后出台了《中国教育改革和发展纲要》《中华人民共和国教育法》《中华人民共和国预算法》《事业单位财务规则》《高等学校财务制度》《国家中长期教育改革和发展规划纲要（2010—2020 年）》《高等学校会计制度（征求意见稿）》等一系列法规制度，逐步明确了高校预算的管理体制、原则、编制、决算等内容，建立起"以财政拨款为主、其他多种渠道筹措教育经费为辅"的体制，从体制上为高校实施综合财务预算奠定了基础，确立了高校预算的基本模式。理论界对此也做了不少研究，从不同角度探讨了高校财务预算中存在的问题，提出了各种解决的思路和办法。总体来说，主要集中研究了高校财务预算的管理模式、管理方法、精细化管理等方面的内容。

（一）财务预算管理模式

刘海峰、李霁友将我国高校财务预算管理改革划分为预算创建、调整阶段、预算改革、巩固、提高阶段、预算深化和不断完善阶段，针对不同阶段提出了计划经济体制下单一的财政拨款支出预算模式、社会主义市场经济体制下的校级综合财务预算模式、知识经济时代由校级综合财务预算向涵盖学校除基建、产业外全部资金收支过渡的综合财务预算模式。美国学者卡尔·坎道里和加里·沃根克在《学校预算和你：学校校长启蒙书》中提出了校本预算模式，将战略管理思想与预算管理模式相结合，构建了全新的高校财务预算管理模式。

（二）财务预算管理方法

一般而言，预算编制有基数预算、弹性预算、滚动预算、零基预算、复式预算等方法。长期以来，高校财务预算编制基本依据"基数＋增长数"，往往因基数的过于固定和增长数的估计不足导致年度预算与实际决算差距较大，预算调整频繁。随着高校财务预算研究的深入，高校在预算管理方法上有了进一步的改进。赵善庆提出高校预算应当实行以零基预算为主、滚动预算为辅的预算编制方法；杨爱平等人介绍了零基预算管理定额计算法、成本效益分析法等具体编制方法；刘锦明引入了全面预算管理的理论与方法；刘丽提出了高校预算管理须引入绩效预算的观点。

（三）财务预算精细化管理

精细化管理是高校财务管理发展的必然趋势，而精细化预算是其中的重要内容。黄婕等人提出高校财务预算精细化管理，落实到每个部门和项目，建立全面的工作流程和业务规范，发挥预算职能。赵善庆指出高校财务预算要遵循"大收大支"原则，构建"全口径"预算，同时要做到精细化管理，细化预算编制内容，提高资金效益。

然而，由于受诸多历史因素的影响，我国高校财务预算管理仍然存在不少问题。例如，预算部门责任不明确，经费申报信息不对称；预算编制方法缺乏科学性，编制手段落后；预算指标不确定因素较多，随意性控制弱；预算调整频繁，执行缺乏严肃性；预算绩效考核不完善；等等。因此，进一步探讨高校财务预算管理，改进预算管理方法和手段，对加强经费预算管理、提高资金使用效益有着积极的意义。

二、"目级预算与控制"的提出

2007年，我国政府收支分类改革迈出了重要一步，财政部门按照新的政府收支科目进行预算编制，标志着我国财政预算体制改革不断深入。根据2007年正式实施的政府收支分类改革，我国现行收入、支出分类采用了国际通行做法，收入分为"类""款""项""目"四级，同时使用支出功能分类和支出经济分类两种方法对财政支出进行分类。支出功能分类科目按由大到小、由粗到细分为"类、款、项"三级科目。以教育类为例，比如类级科目为"教育"，款级科目有"普通教育、职业教育、成人教育……"（10个款），而项级科目中"普通教育"有"……高等教育、其他普通教育"。而政府支出按经济分类（费用性质、用途及管理需要）分为基本支出、项目支出、经营支出等。基本支出、项目支出按经济分类进一步细化为工资福利支出、商品和服务支出、对个人和家庭补助支出、债务利息支出、基本建设支出等相关支出。

2009年8月31日，财政部发布的《关于推进财政科学化精细化管理的指导意见》规定："细化预算编制，提高预算年初到位率。细化基本支出和项目支出预算编制，逐步实现'一上'预算编制全部细化到'项'级科目和落实到具体执行项目……使项目预算做到实、细、准。"同时，要求"对教育、医疗卫生等涉及民生的重点支出，细化到所有'款'级科目。对其他支出也要加大改革力度，逐步列示到'款'"。政府支出经济分类细化到类款两级，使得经费支出落实到具体的支出内容。例如，工资福利性支出划分为301类，而其对应的"款"划分为01基本工资、02津补贴等。

由此可见，"目级"概念源于政府收支分类科目中收入科目"类款项目"四级中的"目级"，相当于政府支出分类"款"的名称，同时与会计科目中的

"目"相近。"目"包含三层含义，一是政府收入分类的"目"，是预算级次概念，表示最明细的意思；二是借用政府支出"款"的名称，表示费用名称，实现会计核算与预算科目的统一；三是会计核算科目中的"目"。"目级控制"意味着从经费支出的具体经济内容进行控制，以便更好地反映、监控预算经费的流向。

会计科目是会计核算的基础，是根据不同的经济内容对高校资产、负债、所有者权益、收入、支出等会计要素做进一步分类的类别名称。每一个会计科目明确反映一定的经济内容，科目和科目之间在内容上不能相互交叉，会计科目分为总账科目（一级科目）、明细科目（二级、三级……）。会计科目按经济分类确定类别名称，与上述政府支出经济分类的类款相对应，由此使得财务预算与会计核算实现对接，便于预算下达、执行，做到预算编制准确、科学，同时便于财务决算。为了满足核算和监管的要求，一般高校财务都设立了会计科目辅助核算账务，即每个会计科目设置与之相对应的若干辅助项目，比如部门、项目、数量、外币核算等，辅助项目对所设会计科目进行更为明细的项目核算，这些项目是会计科目监管职能的延伸，从而有利于经费分配。值得一提的是，会计科目辅助核算与预算编制、预算管理、预算指标下达中的部门、项目相对应，实现预算管理与会计核算的有机结合，有利于经费监控和财务信息质量的提高。

三、"目级预算与控制"的意义

随着《国家中长期教育改革和发展规划纲要（2010—2020年）》和"十二五教育发展规划"的实施，国家财政资金预算管理体制改革逐渐深入，生均财政拨款逐年递增，同时国家对高校经费监管的力度增大，积极推进"三公经费"，加快高校公务卡业务的推广，将经费绩效考评纳入议程。探索和改进高校预算管理方法，重视会计核算基础，提高财务信息质量已迫在眉睫。"目级预算与控制"是适应现代高校发展需要和财务管理上升到新的阶段的客观需求。

（一）有利于进一步加强预算资金核算，规范会计核算监管

长期以来，高校经费预算存在"两张皮"现象，预算脱离学校实际，缺乏科学论证和调研，预算收入增长估计乐观，预算执行松弛，资金成本效益意识淡薄；预算与会计核算脱节，监管不足，经费使用随意性突出，人员经费和招待费支出比重较大。"目级预算"在于细化预算，根据一定的比例，将可预算经费按照刚性支出项目和计划使用项目做进一步划分，限定到用途的类别。"目

级控制"则强调在执行目级预算方案时，通过设定的指标限制来对经费支出进行监管，防止超预算经费支出。

（二）有利于控制教育经费成本，提高资金使用效益

高校教育成本的核定是高校收费制改革的要求。一直以来，理论界对高校教育成本补偿与分担政策、教育成本核算指标体系等有较为成熟的研究。然而，由于高校会计制度的影响，经费核算上实行现金收付制，未对固定资产折旧、应收及应付款计算时间价值，成本核算口径不一致，会计科目和经费项目设置无法准确归集经费使用情况。"目级预算与控制"在经费成本核算思想指导下，对预算经费做了初步的划分，同时经过核算控制使得经费支出对应于每个成本核算科目和项目，既为教育经费成本的核定奠定了良好的信息基础，也为控制教育经费成本中的随意性支出创造了条件，更有利于资金使用效益的提高。

（三）适应财务信息公开，进一步促进财务信息透明化

近年来，高校财务信息公开成为国家和社会关注的问题，"三公经费"则是高校财务信息公开的重要内容。基于财务预算与核算的脱节、高校会计制度本身的不足，在日常会计核算中，经费收支信息归集往往存在模糊性，使得财务信息质量受到较大影响，同时不利于对经费的管理和绩效考评。"目级预算与控制"通过预算编制手段，对经费的使用方向进行了条件设定，并对经费支出的内容和标准做了规定，确保了财务信息的准确性、透明化，也便于财务信息的及时提取和分析。

（四）满足高校财务精细化管理的要求

2009年8月31日，财政部印发《关于推进财政科学化精细化管理的指导意见的通知》，要求实现财务科学化、精细化管理。目级预算与目级控制是经费管理预算和会计核算精细化的基础。目级预算与目级控制利用财务信息化手段，将经费分配与核算细化到"目"级，经费预算中对各种项目经费的使用额度进行了测算，并通过核算控制对经费使用把关，最大限度地对经费进行跟踪监控，从而提高资金使用效益。

四、"目级预算与控制"应用中须注意的问题及有待解决的问题

（一）须注意的问题

"目级预算与控制"的应用，切忌"一刀切"，应区别对待不同经费项目。

一般而言，"目级预算与控制"的内容主要包括商品和服务支出项目、工资福利性支出。

1. 商品和服务支出项目

商品和服务支出项目是指单位在履行事业任务活动过程中，购买商品（不包括形成固定资产的商品）或接受服务（不含固定资产购置、建造服务，如设备安装、基建施工）而发生的财务支出。商品和服务支出与"三公经费"紧密相关，是国家重点监控的内容。商品和服务支出项目实行目级核算后，需要设置办公费、招待费、差费、公务用车费、会议费、培训费、出国费、劳务费、其他等目级科目。对于基本支出的教学单位基本业务费、其他业务费、教辅单位业务费、管理部门的公务费按固定比例安排。鉴于专项支出经费专款专用和严格绩效考评的因素，可按经费使用方向进行科学论证，按 A、B、C、D 优先排序，对预算安排额进行拆分，分重点和次重点予以监控。

2. 工资福利性支出

工资福利性支出是指单位支付给在职职工的所有现金（含银行转储款）或现金形式的劳动报酬，包括工资性支出与福利性支出两个方面。由于工资福利性支出（基本工资、津补贴、绩效工资、其他人员支出）、对个人和家庭补助支出（离休费、退休费、助学金、医疗（保）费、住房公积金）等项目，因政策标准或考评标准的执行，贯彻专款专用原则，以及项目本身的不可细分和互斥性，其本身具有控制功能，可在当年预算中不再编制比较明细的目级内容预算。

3. 其他经费支出

其他经费支出比如债务利息支出、基本建设支出、其他资本性支出（自筹基建、土地购置、设备费、图书费、修缮费、软件系统）及其他支出，属于专款专用范围，有可依据的标准，可在当年不再编制比较明细的目级内容预算。

4. 其他

"目级预算与控制"并不针对所有经费，比如单列的目级名称才控制，"其他"不控制；对以前年度结余经费不进行目级内容分解及控制；部分项目只涉及部分目级科目（如无公务用车的部门或某个项目，如保安工资、师资培训费、招生费），没有涉及的目级费用原则上转至"其他"费用中；目级额度之间原则上不得调剂。

（二）有待解决的问题

1. 预算经费各目级分配比例的科学合理性

目级预算改变了过去对公用经费、业务经费划块预算，细分成办公费、差费、车费、资料费等经费支出项目，然而，各项目之间的分配比例如何确定，有待进一步研究。即使根据某学院或职能部门以往几年的历史数据分析求出的比例，每年除了常规性的业务支出，仍然存在多种不确定因素，包括外在的对外交流业务增加、仪器设备折旧期限满、学科建设发展、学院年度工作重点变化，以及经济发展水平、物价水平等因素。

2. 目级预算和目级核算的信息初始化

目级预算指标的下达意味着目级核算经费的划拨。然而由于目级预算形成的经费分配的细化面临着较大工作量，如何将目级预算指标数批量导入目级核算的目级科目下，则是当前有待解决的问题。主要包括两个方面：一是升级原有的会计账务系统，按照新的会计制度重构增设目级科目名称及编码；二是在原来的一个预算项目下新设数个目级名称及目级码，并按目级名称、编码及指标额度划转到会计核算对应的辅助核算项目中，妥善处理以往年度的财务数据。

3. 重新核定新会计核算环境下的报账要求

"目级预算与控制"的应用，需要新的会计环境奠定基础。主要包括：①重新设置、印制费用报销单，增设目级科目栏目；②经办人按目级内容及额度填报；③严格按费用性质所属的目级进行审批和账务处理；④项目总额度不得超支，各目级科目额度不得超支，由计算系统自动控制。

第八节　高校自设专项经费管理及绩效考评

专项经费是学校经费的重要组成部分，这部分经费的投向对于学校各项事业发展特别是专业性很强的特色建设非常重要，对应的各类专项经费来源渠道很多。除了来自外部的各类专项经费，高校自设的专项建设经费（以下简称"自设专项经费"）也是专项经费的重要补充。这部分经费指为实现学校某一发展目标或者完成特定的工作任务，由项目实施单位提出，报校主管部门审核，报请校财经委员会评议，经学校党委会审议批准同意，由学校财务安排，在一定时期内具有专门用途的资金。由于这部分经费是在学校部门预算中列的专项经费,历来会引起所属部门竞相申请争取,但由于没有引起足够的重视,导致预算申报与规划脱节,有些项目缺乏科学论证,管理不规范,只重视向学校要钱,至于争取到以后的使用效益及建设成果,却没有规范的过程管理和绩效评价标准,结果是年年申请年年投,缺乏监管和制约,势必会造成浪费,且效果不佳。如何规范管理这部分经费,使学校有限的资源配置到合理的优势学科、项目中,以达到学校设立专项经费的初衷呢?下面进行详细论述。

一、严格自设专项经费资金审批程序

高校的自设专项经费严格意义上也是国家财政资金,是国有资产。由于各单位都非常重视各类专项经费的争取,一般都会集中人力立项申请,力争学校投入支持,所以这部分经费设立的专项建设项目也应该有严格的申请审批程序。首先必须服从学校的发展大局,其次由各建设单位根据学校每年的重点建设工作,从实际出发结合自身能力,提出设立项目的可行性研究报告,最后经主管部门组织专家评审,报请学校批准立项。

二、加强自设专项经费的管理

(一)高校的各主管部门应对学校自设专项经费的全过程进行管理

学校的专项经费由各单位的业务主管部门(教务处、学生处、研究生院、学科办、科技处等,无主管部门的可经主管校领导审核)统一向校财经委员会报送。主管部门的主要工作职责如下所述。

1. 负责自设专项经费的设立、调整和撤销

专项经费的设立应当依照法规并符合学校长远利益和各项事业发展。主管部门对各建设单位提出的申报设立专项的材料(申请材料中应当提供绩效目标和可行性研究报告)进行汇总,对各单位提出的专项建设的必要性、可行性、资金规模和绩效目标进行论证,结合学校的总体发展规划,向学校财经委员会提出拟立项目录,做到统筹兼顾,防止重复建设。在专项建设过程中根据实际情况由建设单位提出申请,可做适当调整,但分配到各主管部门的专项经费总量不得突破。对于在建设过程中未经批准擅自改变资金投入方向或无正当理由不能按期完成的专项建设,主管部门可向学校提请撤销该专项建设,并追究相关人员的责任,同时对该部门后续提请设立专项建设时予以参考。

2. 负责专项建设项目经费的二次分配

学校批准设立的专项建设项目一经确立，财务处负责将其经费初次分配到主管部门，主管部门再进行二次分配。在资金的二次分配过程中，主管部门要充分调研并反复研讨论证，力求使资金合理分配到各个专项建设项目上，并将分配结果进行公示。最后将确定的二次分配方案报送财务处，财务处负责下达各项目经费指标。

3. 负责专项建设项目的监督和检查

当年专项建设开始后，主管部门要随时跟进建设的进度，定期抽查建设情况，包括硬件建设和软件配套设施及人员培训情况，力求建设完成即能发挥作用。

（二）确保自设专项经费资金的使用效果

①自设专项经费纳入预算管理，专项建设项目经费目录应当作为学校编制年度预算草案的重要依据。

②自设专项经费应当专款专用、量入为出，注重发挥引导和杠杆作用。

③自设专项经费支出预算可根据具体情况按年度或分年度安排，支出涉及基本建设投资的，按基本建设程序办理。

④主管部门应严格执行自设专项经费支出预算，按批准的专项经费使用项目的计划和内容组织实施，不得无故滞留、拖延二次分配，不得将专项建设经费用于工资福利和公用经费等一般性支出。

⑤财务部门应当在规定时间内拨付自设专项经费，不得无故滞留、拖延专项经费的拨款。

⑥各项目执行单位应当按规定的用途使用自设专项经费，未经批准不得变更项目内容或调整预算。确需变更和调整的，应报请主管部门审核批准，原则上不能突破下达经费的限额。

⑦主管部门应定期将自设专项经费的执行情况向财务部门反馈，同时抄送校审计、监察部门。

⑧对于主管部门管辖范围内的自设专项经费，根据各项目建设进度形成的间隙资金，主管部门可在项目之间进行统筹安排、合理调度，提高资金使用效益，但不得突破预算下达的经费总量。

⑨撤销或调整预算形成的自设专项经费结余，财务部门应当及时收回。

⑩自设专项经费按规定形成的各类资产均属于学校国有资产，应及时办理

入账手续，统一归学校资产部门管理。

三、加强自设专项经费的绩效考评

绩效考评是对经费投入成绩或成果的测评，本质上是一种过程管理，其目标是通过考核发现问题、修订计划、改进工作，从而实现专项建设经费投入效益的最大化。高校在部门预算中设立自设专项经费的目的是提高资金投放的专业性、有效性，所以需要引入绩效考评制度，这也是优化高校资源配置的条件。

（一）绩效考评的内容

1. 自设专项经费执行的规范性

规范性是指专项经费申请、批准、使用、调剂的每个环节和流程都有一定的规矩和标准。对应的就是专项经费在使用的过程中是否符合相关法律、法规的规定，有无超指标、超计划（在主管部门范围内按批准调整的除外）或自行扩大开支范围、提高支出标准以及截留、挪用等问题。

2. 自设专项经费的安全性

专项经费是财政资金、国有资产，其安全性是不容马虎的。必须严格遵守学校专项经费有关申领支出的相关规定，在经费执行过程中实行一支笔签字，项目成员共同监督，财务收支公开，严禁违规支付大额现金及随意挪用专项经费。

3. 自设专项经费执行的有效性

（1）经费执行的刚性度

专项经费预算在编制时要经过充分论证和审核，力求预算的公正性及刚性度。项目结束后，财务部门要依据专项经费项目申报书、经费项目预算批复文件、年度预算文件、建设项目计划书检查专项经费执行结果与预算的相符程度，进行对比考核分析预算执行中出现偏离的原因，评价预算编审的合理性和预算执行的严肃性。

（2）经费执行的失真度

通过对建设项目经费决算反映经费预算执行结果的真实度进行考核，分析失真原因，评价项目预算执行的真实性和完整性。

（3）经费执行的效益

通过对建设项目经费预算执行结果进行综合性考核后，分析专项经费的保障力度和经费结构的科学性、合理性，评价经费执行的实际效益。

绩效考评的初衷和目的都是要规范和加强对项目经费使用的日常管理和监督检查，从而使各经费申请单位树立全局意识，减少项目申报的盲目性。

（二）自设专项经费绩效考评指标

①专项经费到位率。到位率＝考核期实际到位的专项经费金额/考核期预算计划收入金额×100%。取 15 分分值。

②专项经费支出比率。支出比率＝考核期实际经费支出额/考核期预算计划收入金额×100%。取 15 分分值。

③专项建设项目完成质量。主要依据项目立项申请书所列预期达到的目标和效果，逐项检查是否达到计划任务要求。取 50 分分值。

④专项建设项目的社会效益。主要考评项目是否达到计划确立的相关经济效益指标，是否产生相应的社会效益，如计划未要求同时实现上述两项效益，可考核其中一项。取 10 分分值。

⑤专项经费的使用情况及设备采购方式。主要考核专项经费是否专款专用，是否符合项目要求及国家有关财经制度，项目设备采购是否依法实行了政府采购，是否符合相关的招标等规范要求。取 10 分分值。

考评结果实行百分制，90 分以上为优秀，80 分以上为良好，70 分以上为合格。

（三）绩效考评的组织实施及考评流程

①建立自设专项经费项目绩效目标管理机制和绩效评价体系，对学校的专项资金开展全过程绩效管理。

②财务部门负责自设专项经费预算绩效目标管理工作，检查各主管部门主导开展的专项经费绩效自我评价工作，对专项经费绩效实施评价和再评价。

各主管部门对其主管实施的自设专项经费绩效先行实施自评价。

③财务部门应会同主管部门制定自设专项经费绩效评价标准，该标准应包括绩效目标、对象和内容、评价标准和办法、组织管理、工作程序等主要内容。

④自设专项经费执行届满后财务部门应当会同资产管理、纪检及审计部门对建设项目进行绩效评价，并向学校财经委员会或相关校级会议报告绩效评价结果，同时接受全校员工的监督。

⑤自设专项经费绩效评价结果应当作为学校以后年度预算安排和完善预算管理的重要依据。

四、建立责任追究机制

未经批准设立专项经费或未经批准延长专项经费执行期限的,财务部门可报请学校财经委员会或主管财务的校领导批准,撤销该专项经费,并收回相关资金。

有下列行为之一的,财务部门责令改正,调整有关会计科目,追回相关资金,限期退还违规所得;情节严重的在一到三年内禁止申报学校自设的以及其他各类专项经费资金。

①未经批准调整自设专项经费使用范围或者金额的。

②以虚报、冒领、伪造等手段骗取自设专项经费的。

③未执行自设专项经费项目支出预算的。

④未经批准变更项目内容或调整预算的。

⑤将自设专项经费用于工资福利和公用经费等一般性支出的,由财务部门责令改正,调整有关会计科目,限期退还相应款项。

⑥对自设专项经费形成的国有资产未按规定纳入国有资产管理的,由学校资产管理部门责令改正,并对相关单位通报批评;情节严重造成国有资产流失的,按照法律法规处理。

⑦各相关部门工作人员,在自设专项经费管理过程中滥用职权、玩忽职守、徇私舞弊的,依法追究行政责任;构成犯罪的,依法追究刑事责任。

第九节 EVA 绩效评价体系在高校资产经营公司的应用

本节对某高校资产经营公司的管理方式进行研究,对其采用 EVA(经济增加值)绩效评价体系管理后的数据进行了对比分析。数据表明,公司在采取 EVA 评价体系后,管理效益明显增强,这在高校国有资本经营管理上具有一定的代表意义。

一、背景描述

(一)某高校资产经营公司的基本情况

某高校资产经营公司于 2012 年根据教育部、国资委及省教育厅等相关文件成立,属于法人独资的有限公司,主要开展资产经营管理、场馆经营服务、各类教育培训、体育赛事的组织推广。该公司成立的目的是利用高校的特色与优势服务社会,在满足公益性目的的情况下,多渠道经营、弥补教育事业经费的不足。该公司采取的是董事长领导下的总经理负责制,拥有场馆运营团队、赛事服务和培训团队,公司处于稳步发展阶段。

(二)某高校资产经营公司的绩效考核

公司董事会对资产经营公司的经营业绩采用原有的考核办法,属于传统的绩效考核管理模式,主要从经营收入、利润总额和资本保值增值率三方面进行,每年年初根据上年度的经营状况制定和下达下一年度的考核指标。

(三)原有绩效考核机制存在的问题

1. 经营者的激励机制不够完善

原有的激励方式是对管理人员进行单一的利润指标考核,激励方式比较单一。管理者基于常规的考核指标,常常采取短期手段提高利润,往往忽略长期的战略发展目标,导致公司发展短期化、抵御市场风险的能力薄弱。

2. 战略导向存在的问题

由于存在单一指标考核体系,同时校办公司一般脱胎于行政体系,官本位思想较为浓厚,业绩考核时也夹杂着学校管理层的意图,导致公司的考核指标不科学,考核设计内容存在短期性和主观性,考核指标与企业战略脱节,易使考核流于形式,难以引导员工趋向组织的目标。

3. 考核指标设计存在的问题

原有的考核指标为单一的利润指标,没有考虑资金的时间价值,也没有考虑资金的机会成本,最终导致投入资本赚取的利润不如银行利息高。

(四)选择 EVA 评价体系的主要原因

EVA 是一定时期公司税后营业净利润(NOPAT)与投入资本资金成本的差额,是税后净营业利润减去资本成本之后的剩余价值。这部分剩余价值就是公司能够给投资者创造的价值,其核心意义是一个公司资本获得的收益至少能补偿公司的投资者所承担的风险,只有在经营利润超过所有债务成本和权益成本时,才会为股东创造财富,才会产生真正意义上的利润,才能确认资金创造了价值。EVA 考核模式考虑了投入资本的机会成本,提高了资本的使用效率,更加注重股东利益和公司的长远发展。EVA 管理方式在财务战略管理中的作用如下所述。

1. 能够对财务指标进行有效补充

EVA 设立的相关指标能对现行的财务管理指标进行有效补充，从股东利益的角度出发，引导企业追求股东利益最大化。将 EVA 作为评价公司经营业绩、界定公司利润的指标，在很大程度上凝聚了公司资源并激发公司管理者和员工的斗志。

2. 增强公司员工的凝聚力，公司负担和信息方面的成本同时降低

EVA 指标考核激励机制将公司的运营机制联系起来，成为公司各方面联系、沟通、管理的杠杆，是企业决策规划、经营实施、经营控制等营运活动的核心，减少内部人员的内耗，增强公司员工的凝聚力。

3. 提高了企业的投资报酬率

EVA 指标能有效防止管理者因过度追求公司业绩而不断要求投资者注资的行为，提高了企业的投资报酬率。EVA 指标考核可以体现高层管理人才的价值，防止人才流失。

二、总体设计

（一）应用 EVA 的目标

通过运用 EVA 降低和消除无效成本、加强成本管理，可以更真实地反映公司的经营业绩，促使公司狠抓发展中的关键因素，强化公司的内部经营管理，为提高经济效益服务。

（二）应用 EVA 的总体思路

从公司全局出发对业绩进行综合评价，改善公司经营管理，认真考虑各项决策和计划之间的协调配合和综合平衡。

EVA 整个体系的构建是在公司远景和战略框架统领下完成的，为公司经营战略的实施和事后结果的评估提供了系统化的思路。

三、具体的应用过程

（一）管理会计组织机构及运作方式

某高校管理会计考核领导小组由财务部门和相关业务部门的人员组成，该小组由财务部门牵头、其他部门配合，归口在财务部门。

（二）EVA 的部署要求

资源要求主要体现在两方面：一方面是公司应根据各业务部门与战略目标的匹配程度进行资源配置；另一方面是加强各部门之间的协同管理，有效提高资源使用效率和效果。

（三）应用 EVA 的要求

1. 具体步骤

构建层次结构模型，为重要的财务绩效变量设置衡量指标，为重要的内部业务流程绩效变量设置衡量指标，为重要的学习与成长变量设置衡量指标。

2. 流程改造

流程改造分为业务流程改造和财务流程改造。在业务流程改造方面主要建立以客户为中心的服务体系，同时设置与实际结合的考核指标。在财务流程改造方面，首先对原有的财务流程进行分析，然后完善各项财务流程，重新设置权重。

（四）在实施过程中遇到的主要问题和解决方法

1. 遇到的主要问题

在实施过程中遇到的主要问题有：公司管理理念落后，整体水平低下；公司管理者不重视，员工积极性不高；公司信息系统不完善，信息化程度不高；选用的指标缺乏创新性，指标设置不合理。

2. 主要问题的解决方法

在实施过程中遇到主要问题的解决方法：明确公司战略，获取管理层的支持；完善信息系统，加快信息化建设；注重指标选取，构建科学的评价体系；注重宣传与沟通，加强员工培训。

四、应用 EVA 绩效评价体系取得的成效

自 2014 年高校资产经营管理公司应用 EVA 绩效评价体系以后，净资产收益率总体呈上升趋势。在收入不断增长、成本不断降低的情况下，营业利润从 2012 年、2013 年分别亏损为 167 万元、231 万元增长到 2014 年盈利 147 万元、2015 年盈利 239 万元，说明公司的投资回报能力增强，资产运用效率提高，投资者的利益更有保障。

五、经验总结

(一) EVA 基本应用条件

上述管理实践表明，EVA 的基本应用条件如下：首先，公司的战略目标非常明确；其次，设置指标时要揭示相关指标之间的关系；最后，建立与公司内部相配套的、比较健全的其他制度。

(二) EVA 应用的关键因素

EAV 在应用过程中需要关注管理过程中的关键因素。首先，要有明确的战略目标；其次，建立适当参与及有效沟通的体系；再次，设立确定的关键绩效考核指标，设立过程中要特别注重指标的平衡关系；最后，建立完善的制度与人才保证体系，管理信息支持系统也必不可少。

(三) 对改进后 EVA 应用效果的思考

在改进后 EVA 的应用效果方面，要打破公司各个部门之间的横向壁垒，使战略深入每个员工的日常工作，适当增加其他方面的指标，保持财务指标的主导地位，绩效考核指标符合经济发展的需要，根据环境变化不断调整相关指标。

(四) EVA 应用的优缺点

1. 优点

实现了战略实施与价值创造的融合，有效地将战略转换成工作计划和实际行动。同时重视公司的价值创造，共同构建了较为完整的业绩评价系统。能够有效地避免公司的短期行为，实现了短期目标和长期目标之间的平衡。

2. 缺点

①实现难度大。目前，我国很多公司还没有形成资本成本理念，尤其是未进行职业经理人管理的高校所办公司，公司管理水平相对较弱，甚至部分公司管理者为出政绩、为自己创造业绩，很少考虑投资资本能否得到足够的回报。

②指标体系的建立比较困难。EVA 虽然可以作为绩效评价指标指导企业的诸多决策，但对于处置资产、管理营运成本等决策在很大程度上还需借用传统的会计分析方法。

（五）实行 EVA 管理的建议

结合公司自身的实际情况应用；将每一步都落到实处；充分利用信息化管理手段，建立一整套符合公司实际情况的 EVA 管理指标体系。

第十节　高校经费绩效评价运作中若干问题的探索

目前，研究高校经费绩效管理的学者，除了在理论上继续探讨，还在实务操作上继续探索。特别是广大高校财务工作者，他们力图在工作中推动高校经费绩效管理。文节从高校经费绩效管理应用方面进行探索，如教学绩效、科研绩效等指标不符合教育经济理论中迟效性和长效性的特征；高校经费绩效评价不宜全面和加快推进，只能单个项目逐步地进行；建议具体运作还可将校内二级单位的某一政府采购项目或某一公务项目作为切入点。

一、关于"教学绩效""科研绩效"指标

在高校经费绩效评价指标设计中，提出"教学绩效""科研绩效"的是杨周复、施建军的专著和王丽萍在《会计研究》发表的论文。

教育经济学告诉我们，教育具有迟效性和长效性的特征。一是迟效性。高等教育投入周期长，从一个小学生到博士需 20 余年时间，才能对社会发展和经济增长做贡献，自己也得收益。这就是说，高等教育的能力发挥为教育经济效益需要很长的时间，经过一个知识和能力转化的"滞后"周期，高等教育投入的收益要经过较长的时间来反映。二是长效性。高等教育培养的专门人才，无论在物质生产部门，还是在教育、科研或政府部门，能够永久地发挥作用，较长期地为社会带来经济效益和社会效益，对个人的收益也是长期的，且不受年龄的限制。因此，高校经费绩效评价指标的设计必须考虑上述两个特征。

（一）重点学科并非当年或近几年投入产出的成果

王丽萍、王明秀、张建新、唐蓉等学者的论文在高校经费绩效评价指标设计中提到"重点学科数量"或"博士学位授予点数量、硕士学位授予点数量"。

2005 年 4 月 22 日，国务院学位委员会办公室《关于第十次博士、硕士学位授权审核工作中新增学位授予单位审核工作的通知》在"新增博士、硕士学位授予单位整体条件"中指出："新增博士学位授予单位，应已是硕士学位授予单位，获得授予权 8 年以上。新增硕士学位授予单位的高等学校，应已

是学士学位授予单位，获得授予权 10 年以上。"也就是说，新增一个硕士学位授予单位需要至少 14 年时间，新增一个博士学位授予单位需要至少 22 年时间。

（二）院士、教授等人才并非该校当年或近几年投入产出的成果

队伍建设评价指标包括工程院和科学院院士人数、特聘教授人数、获国家杰出人才基金、获教育部跨世纪人才、获教育部高层次创造性人才计划资助人数。

一个学生从学士到硕士到博士一般需要 10 年；博士要评为副教授一般需要 5 年，副教授晋升教授一般需要 5 年，所以从学士到教授一般需要 20 年！其中，从学士到硕士到博士相当多的学生不是在同一所高校甚至不是在同一个国家完成的学业。2009 年 12 月 7 日，"中国校友会网大学评价课题组"完成的《2009 中国两院院士调查报告》显示："调查发现，在 1955—2009 年当选的中国两院院士中，拥有海外学历的'海归院士'有 700 多人，占总数的 36.95%。"

值得注意的是，不少学校引进院士、教授靠的是钱。这种投入产出的绩效不能反映引入高校的真实绩效，反而揭示了该校多年投入结构的不合理、投入效果的不明显。

（三）科研成果并非该校当年或近几年投入产出的成果

王丽萍、王明秀、张建新、张克友等学者的论文在高校经费绩效评价指标设计"科学研究评价指标"中提到"SCI、EI、ISTP 的论文数量、获得国家级奖励数量"。

被《快公司》誉为"21 世纪彼得·德鲁克"的美国作家马尔科姆·格拉德威尔的著作《超凡者》，其核心是"一万小时准则"，即在任何领域中只要坚持一万个小时，基本上都可以成为该领域的专家。比尔·盖茨在开办公司之前，就已经在计算机程序设计上用了一万多个小时。一万个小时，按每周 20 个小时计算，也需要 10 年。

2002 年 11 月 4 日，中山大学黄达人校长在研究生教育工作会议上的讲话中指出："许多学术成果都是'十年磨一剑'的结果，我校肿瘤医院发在《自然》杂志上的那篇文章就是用了几千万的投入、近百人共同努力了将近十年才取得的成果。"2006 年 6 月 3 日新华社报道，中山大学朱熹平教授和旅美数学家、清华大学讲席教授曹怀东，在历经 10 年潜心研究后，以一篇长达 300 多页的论文给出了庞加莱猜想的完全证明，破解了国际数学界已关注百年的"七大世纪数学难题"之一的庞加莱猜想。"杂交水稻之父"袁隆平 1964 年开始研究杂交水稻，1973 年实现三系配套，1974 年育成第一个杂交水稻强优组合南优 2号，1975 年研制成功杂交水稻制种技术，先后用了 10 多年时间。此外，历史学家范文澜主张的"板凳要坐十年冷，文章不写一句空"，以及"十年寒窗苦""台上一分钟，台下十年功"等名言，都表明一部名著、一篇传世之作，并非旦夕之功可立竿见影的。

二、高校经费绩效评价应从重大项目逐步地进行

（一）逐步推行高校经费绩效评价

1. 我国的高校经费绩效管理整体上还处于起步阶段

2011 年 4 月 21 日，财政部廖晓军副部长在全国预算绩效管理工作会议上的讲话指出："我国的预算绩效管理整体上还处于起步阶段"。

2. 逐步建立高校经费绩效评价机制

建立高校经费绩效评价机制的客观前提条件很多，如高校会计制度未实行权责发生制，只有在实行权责发生制前提下高校预算绩效的"结果"才真实；再如高校财务信息必须公开透明。目前这些条件高校仍未具备。

2011 年 7 月 5 日财政部发布的《关于推进预算绩效管理的指导意见》指出："逐步建立'预算编制有目标、预算执行有监控、预算完成有评价、评价结果有反馈、反馈结果有应用'的预算绩效管理机制。"因此，不宜加快建立高校经费绩效评价机制而应"逐步建立"。

（二）高校预算绩效管理应先推动项目和专项资金的绩效管理

2010 年 6 月 21 日中共中央政治局审议通过的《国家中长期教育改革和发展规划纲要》第五十八条指出："建立经费使用绩效评价制度，加强重大项目经费使用考评。"

2003 年 6 月 10 日江苏省财政厅印发的《江苏省省级部门预算财政专项资金管理办法（试行）》第二十一条第五款规定："省财政厅对于年度预算安排的专项资金支出预算完成情况以及实施效果建立绩效评价体系，实行绩效评价制度。"

2003 年 8 月 1 日江苏省财政厅、教育厅印发的《"211 工程"及重点高校建设专项资金管理办法》第十三条规定："省财政厅、省教育厅按照财政专项

资金管理的有关规定,对专项资金的使用管理实施事中、事后的监督检查和绩效考核。"

2006年3月31日江苏省教育厅、财政厅印发的《江苏省省属高校重点实验室建设专项资金管理办法》第十三条规定:"专项资金实行绩效考评制度。"

因此,相关部门建议应先从项目和专项资金的绩效管理取得经验,逐步推动高校经费绩效管理。

三、校内二级单位推动绩效评价的切入点

(一)国外的启示——修桥和职业培训的案例

美国艾奥瓦州的"绩效预算手册"中有一个修桥的案例,某市需在河上建一座桥,以解决交通拥堵的问题。有关部门将桥建在河床最狭窄的地段,桥按时完工,工作量完全符合要求,质量也符合标准,但交通拥堵的问题没有得到很好的解决(因交通拥堵在河床较宽的地段)。这样一来虽然很好地完成了"产出",但绩效目标没有达到,绩效评估只能得出很差的结果。另一个是职业培训的案例,对失业人员的职业培训目标是再就业,政府对这个项目按参加培训的人数进行财政拨款,但如果不针对就业市场的需求(工种、技术等级、数量等)进行培训,虽然教师、教材、教室、教学设施是一流的,培训完成了,钱花出去了,但没有解决再就业问题。因此,正确的做法是培训目标设定后,制订符合就业市场需求的培训计划,编制绩效预算,劳工部通过公开招标挑选培训机构并签订购买就业服务成果的协议,然后根据再就业人数评估结果拨款。这两个都是单个项目的经费绩效评价,简单易操作。

(二)推动校内二级单位绩效评价的建议

建议从校内的实验室建设、水电改造、职业培训、政府采购、出国项目等具体项目采取行动。具体步骤为:①设立高校预算委员会;②规划绩效目标;③制订年度绩效计划;④编制年度绩效预算;⑤签订绩效合同;⑥提交绩效报告;⑦进行绩效评价;⑧反馈绩效评价结果。

第十一节 基于校内预算的高校资金绩效管理策略

借助高校预算管理基础和经验,通过绩效计划、实施基础、考核依据、反馈作用、动态评估等关键节点,构建基于校内预算的资金绩效管理系统。

绩效理论最初源于企业，是人力资源管理理论的重要组成部分。企业财务绩效管理以实现企业利润最大化为目标。目前，西方发达国家的高校绩效管理已经比较深入和普遍，管理理论体系也比较全面。虽然绩效管理思想在我国高校引入较晚，但随着高校近几年对外扩张对内高效管理的强烈诉求，绩效管理成为国内高校的一个研究热点，备受高校管理者的关注和推崇。高校虽然不能像企业一样追求利润，但如何将有限的资金进行合理配置、高效利用，最大限度实现学校稳定、可持续发展，是每个高校财务管理的目标。

一、高校资金绩效管理存在的问题

近几年，随着国家对教育改革的深入，高校迎来了快速发展时期，整体办学规模不断扩大，办学水平不断提高，资金需求总量不断增加，因此高校往往将精力重点投入到收入管理上，想方设法通过各种途径增加资金总量，但对资金的使用和资源有效配置的投入力度不够，从而引发了一系列问题，造成了资源的浪费，加剧了资金紧张局面。因此绩效管理越来越被重视，成为高校财务管理的热点，但也出现了如下问题。

（一）绩效管理流于形式

在实践中，有些高校虽然意识到绩效管理的重要性，也试图寻找各种方法建立适合自身的绩效管理体系，通过计算各种指标开展绩效评价及绩效奖励，但往往流于形式，效果不佳。而企业相关绩效财务指标对于高校并不适用，高校也没有建立一套完整的指标或体系来衡量资金的使用绩效，导致通过各种技术和方法研究的绩效指标成为"马后炮"。

（二）管理模式不便借鉴

有些高校实行绩效管理较早，对学校资金的使用及配置也起到了一定的积极作用，于是，其他学校通过调研等途径借鉴这种管理模式，甚至专门立项，请做得比较好的学校为自己学校进行绩效研究和评价，但是结果不太理想。由于学校规模、发展方向等各不相同，照搬其他学校的绩效管理模式、实行"拿来主义"根本达不到预期效果。

（三）管理手段有待提高

高校作为一个非营利性机构，同时是一个知识型主体，如果一味追求结果、目标任务或项目执行进度，而忽视了中间的管理的激励作用，管理手段单一、简单，容易扼杀执行主体即教职员工的创作力，进而使绩效目标无法实现。

二、提高资金使用绩效的策略

高校一定要立足于本校特点，以科学务实的态度来研究和建立适合自己的财务绩效管理模式，并以此指导资金的动态配置。在高校传统的预算管理模式中，可以找到一些契合点，嫁接绩效理论，实现资金绩效管理。

（一）校内预算申报与绩效计划相结合，构建绩效管理目标

校内财务预算是对学校资源最早的分配。校内各单位在申报财务预算时，应基于学校总体目标、紧扣本部门任务，根据实际需要，分项目、按计划执行进度以及本身财力状况编制具体预算方案。资金的整个使用过程都是建立在前期编制的预算基础上，因此，编制一份高质量的、基于目标任务的校内财务预算，是实现资金绩效管理的必要条件。高校财务部门作为预算管理单位，应建立一套行之有效的绩效预算管理机制，包括工作目标、组织安排、岗位设置、工作制度等。财务部门必须拟定预算申报、审批、调整等程序，负责校内预算编制原则、预算框架、收支项目的发布，负责对编制方法、计算标准的制定、修改以及辅导，负责向校内最高管理机构报告，保证校内各部门能有的放矢、有条不紊地开展预算编制申报工作。

（二）建立项目数据库并按照重要程度排序，保证资金合理分配

随着高校的发展，高校在当年或近几年不断有新的需要实施的项目，实施项目必然需要财力支持。一方面盲目地只根据需求"有求必应"地安排经费实施项目，不能保证资金的使用绩效；另一方面，高校的财力可能无法满足或者在一段时间内无法满足所有项目。因此，应该在高校建立包括项目的名称、实施单位、可行性分析、重要程度、所需经费、预计实施进度等信息的项目数据库。由学校法规部门或相关职能部门负责，将学校近几年所需实施的项目进行必要的论证、可行性分析等，将经过论证且可行的项目编入项目数据库，并根据项目的轻重缓急，对进入项目数据库的项目进行排序，然后会同财务部门根据学校的财力状况和项目的排序，制订安排可实施项目建议方案，再由学校相关决策机构讨论决定最终实施项目及经费安排，从而保证资金的合理有效配置。

（三）财务预算与会计核算相结合，夯实绩效管理基础

在资金实际使用过程中要顾及两方面：校内预算的严肃性以及学校业务的灵活性，需要在预算与核算之间形成一种既独立又依存的工作关联。审核需要预算数据作为参照和标准。对项目进行审核时，不仅仅是数字的简单计算或票

据真伪的辨别，还应该包括业务的合法性、真实性及经费的合规性、相关性审核等，而这些信息多数源于项目前期编制的预算。因此，在预算和核算之间必须建立双向的信息通道：预算编制的目标、资金使用范围及额度信息由编制人员准确地传递给核算人员，核算人员及时将执行的情况进行反馈。这样，就形成了"以财务预算为指导的会计核算"，预算成为高校财务管理的"风向标"，会计核算也能在监督职能上得以延伸。在电算化条件下，以上设想具有很强的可操作性，只需要将预算信息，如项目预算明细、使用范围及额度嵌入核算软件中，通过核算软件加以控制反馈，财务部门便可以掌握预算执行过程中的主动权，为开展绩效管理创造条件。

（四）财务预决算分析机制与绩效考核相结合，促进资金的良性循环运作

预决算分析可以作为绩效考核的重要依据，同时，绩效考核结果反作用于预决算。例如，对某项任务预算及执行情况进行决算分析，在证明该项工作是否按照计划实现了预计的工作业绩和社会效益的同时，反映了该项目预算的编制和执行是否存在问题，如果存在势必在今后的工作中改正。

绩效考核直接影响教职员工的薪酬等利益。教职员工作为高校决策的实际执者，是实现学校目标任务的执行主体，绩效考核应促使个人工作绩效与高校绩效完美结合。为此，有必要通过预决算的分析来反映教职员工在高校经济活动中的执行力和影响力，反映他们与高校工作绩效的高低、资金配置的合理性之间的关系，以此为基础构建科学的绩效奖励体系，充分调动员工的积极性。目前，许多高校都热衷于单项绩效奖励制度，如科研绩效奖励、教师考核绩效奖励、论文发表绩效奖励等，目的单一、激励有限。应加紧研究、有机整合，形成一个更科学、更合理、更符合时代发展、符合人性特点的绩效奖励体系，完善高校绩效管理体系，提高资金运作的效率。

（五）财务预警机制与绩效反馈相结合，保证高校资金安全

财务预警机制是项目顺利完成的保障，也是高校整个财务管理的保障，包含项目风险预警机制和系统风险预警机制。项目风险预警机制主要通过项目绩效反馈来提示风险，比如项目经费使用进度远超过项目实际执行进度，且项目经费无法满足项目的继续执行，财务部门可以给项目负责人一个提醒。此时，相关责任人可以相应调整资金使用节奏，或采取其他补救措施。

系统风险预警机制主要是指对高校整体资金运作风险的考虑，其风险因素更为复杂。根据整体大于部分之和原理，对高校资金绩效的反馈频度应该更高。

定期报告以及及时报告应成为固定的内部报告制度。同时，应完善重大项目的财力评估，即应在项目启动前对该项目的预算及高校整体财力进行评估，必须考虑该项目的实施对高校整体财务可能造成的影响及风险，在确定高校财力状况能够满足项目预算及执行进度时，才能执行该项目预算。否则，在项目执行过程中如果造成资金链断裂，不但项目无法完成，整个高校的财务将陷入危机。

（六）预算调整与绩效评价相结合，优化资金动态配置

绩效评价中的动态评估方法，可以用于校内预算执行过程，以判断某一项目预算执行的趋势和可能结果，从而决定是否需要进行预算调整。以往预算调整机制过多考虑的是项目或任务执行过程中，因预算不足而导致资金短缺、不能满足实际需要的问题，却很少考虑预算过量造成的资金溢余情况。因此，高校对项目预算调整程序要增设审查评估环节，可委托审计部门对编制失真的原因进行调查、评估，提出初步评估意见，如涉及虚假编制，应移交高校纪检部门处理，对虚报的预算额度应予以核减。

同时，考虑到近年来自然灾害、突发事件频发，预算中的应急经费以及机动支出经费恐难以应对，高校应增设预算调整的紧急程序，规定在何种情况下、由何人、用何种方式更改预算，以保证在短时间内，可以筹集、使用足量资金渡过难关。

第十二节　地方高校二级财务管理运行机制研究

地方高校实施二级财务管理有利于适应教育改革发展的新常态，激发高校持续健康发展的新活力，提升高校办学经费的新效能，完善高校二级管理的新体制。但地方高校实施二级财务管理面临着以下问题：财务绩效目标考核指标体系不健全，使得考核缺乏有效性；预算管理制度不完善，预算执行不到位；二级财务管理制度不健全，财务收支管理效率不高；缺乏有效的经济责任制，审计与监督职能弱化；二级院系财务人员业务素质不高，财务管理效率低下等。为此，可从以下几方面构建二级财务管理运行机制：完善财务管理指标体系，建立绩效评价机制；重视预算管理，完善财务规章制度；注重监督审计，强化民主监督功能；健全组织构架，加强财务工作队伍建设等。

财务管理是高校管理工作的重要组成部分，不仅要承担维持高校正常运营所需资金的筹集和二次分配的重要任务，还要履行核算、监督、考核高校资金使用效率等职责。随着高校教学体制改革的不断推进，目前大部分高校形成了以国家财政资金投入为主、以社会募集资金及各类资源投入为辅的多渠道筹集办学经费的格局。面对日趋复杂的高校财务管理工作，进一步提高资金使用效率、下放财权、推行校院二级财务管理势在必行。

一、地方高校实施二级财务管理的现实意义

（一）有利于适应教育改革发展的新常态

主动认识、适应、引领新常态，是今后一个时期经济社会发展的总方向，也是高等教育工作的方针。实施校院二级管理，让二级学院拥有更大的行政权、人事权、财政权、学术权，已经成为高等教育工作适应新常态的主要方面。建立责、权、利相统一的二级财务管理体系，使二级学院成为拥有一定权力和职责的办学实体，体现"事权与财权""办事与用钱""责任与利益"相一致的原则。因此，构建校院二级财务管理制度是新常态下推进高等教育发展的必然选择。

（二）有利于激发高校持续健康发展的新活力

通过实施二级财务管理的模式和机制，高校的办学重心逐步下移，赋予了二级院系更多、更大的办学自主权，使其成为相对独立的办学实体。这必将促使二级院系抛弃过去"干多干少一个样、干好干坏一个样"的惰性思维，最大限度地调动和激发二级院系主动办学、高效办学的主动性和积极性，进而提升高校整体的办学效益和水平，推动高校良性、有序、科学发展。

（三）有利于提升高校办学经费的新效能

传统的高校财务管理大都采用集中管理模式，没有财务自主权的二级院系往往缺乏成本效益思维，对资金的使用、管理随意性强，突击花钱的现象时有发生，严重影响了高校办学经费的使用效益。实施二级财务管理模式，将进一步强化二级院系在办学经费使用和管理上的责任意识、节约意识、效能意识，对办学经费的使用和管理更加注重实效，集中有限的资金办大事、办实事、办好事，使高校整体的办学经费的效能最大化。

（四）有利于完善高校二级管理的新体制

财务管理作为维持高校正常运行的重要工作，牵涉到高校管理的各个方面。在校院分级管理的大趋势下，建立与校院二级管理相适应、相融合的二级管理

模式,是有效落实高校"学校集中领导、院系分级管理"财务管理体制的重大举措,既有利于校院二级管理体制及其运行机制正常运作,又使得学校宏观调控能力和二级院系的微观管控能力得到充分发挥,最终通过下放财权实现二级院系事权和财权的有机融合,使校院二级财务管理新体制不断完善。

二、地方高校实施二级财务管理面临的问题

(一)财务绩效目标考核指标体系不健全使考核缺乏有效性

对于高校而言,财务绩效的好坏、财务目标能否达成是衡量高校财务管理水平高低及高校资源能否合理利用的重要标准。高校财务绩效评价指标体系由一系列反映高校财务状况、盈利水平和经营状况的指标组成。目前,多数高校的财务绩效评价指标单一、标准模糊,缺乏完整性、科学性、公平性且无法律支撑,更多的是针对总经费的支出和执行情况以及各种经费支出所占的比例,未能真正从财务绩效方面给出较为科学的指标体系。

(二)预算管理制度不完善使预算执行不到位

财务预算是高校年度财务收支计划文件的执行依据,是控制财务活动的依据。由于主客观原因,在预算编制、预算执行和预算评价三个方面存在不完善、不到位、不重视的问题。一是在对校院二级财务预算进行编制的过程中,由于缺乏明确、规范的标准和依据,往往将整个学校的年度总经费作为依据,对二级院系的财务预算主要依据办学规模、学科专业和师生数量等要素进行分析,未能很好地考虑二级院系年度的重点工作和发展计划;二是在预算执行过程中,很多高校对二级院系仅进行总量监控,没有对经费的使用计划、具体的列支项目进行监控,致使在经费的使用过程中出现不合理的现象;三是缺乏预算评价、反馈机制,对年度预算的执行过程没有相应的评价、分析,从而导致对预算执行结果无法做出科学、有效的评价。

(三)二级财务管理制度不健全使财务收支管理效率不高

财务规章制度是高校各项财务管理工作实施的基本行为规范,其健全与否将直接影响财务管理工作的效率。从目前国内大多数高校财务制度来看,学校一级的财务制度一般较为健全和完善,但二级财务管理未能建立行之有效的规章制度。二级院系如果缺乏良好的财务管理制度,如经济责任制度、内控制度、创收管理制度以及财务公开和民主管理的制度,势必造成二级财务管理上的混乱和漏洞,进而导致学校一级对二级院系的财务工作无法进行有效的控制。

（四）缺乏有效的经济责任制使审计与监督职能弱化

早在 2000 年，教育部、财政部就明确要求高校加强财务管理，应建立总会计师或分管财务工作的副校级领导、财务部门负责人、二级院系及行政部门财务负责人等若干个层次的各级经济责任制。由此可见，高校二级财务管理体制的正常运行离不开校院二级经济责任制的建立和完善。然而当前不少高校并没有切实建立二级单位领导经济责任制，存在较为突出的缺位现象，经济责任制没有得到真正意义上的落实。此外，对内部财务的审计和监督力度不够，未能起到真正的震慑作用。

（五）二级院系财务人员业务素质不高使财务管理效率低下

随着高校的发展，财务管理工作日趋复杂，对财务管理人员的基本业务素质的要求也越来越高。但目前高校特别是地方性高校，财务管理人员的业务素质普遍偏低，不能适应当前二级院系财务管理制度的改革和发展。财务部门的工作主要集中在传统的保障模式中，相关人员没有树立财务管理的意识，对二级财务的管理和监督无法到位。同时，二级院系的财务管理人员多为兼职人员，没有经过专门的财会专业知识的学习和培训，这必然导致二级院系的财务管理工作不到位，进而影响整个学校的财务安全运行。

三、基于绩效目标考核的地方高校二级财务管理运行机制构建

（一）完善财务管理指标体系，建立绩效评价机制

建立健全高校财务管理绩效评价系统，一方面有利于高校、职能部门和二级院系正确了解基本财务状态信息和发展趋势，掌控财务风险，为实施分类指导和制定相关奖惩政策奠定基础；另一方面，对二级院系财务使用情况及资金使用效率进行分类评价，有利于进一步激励高校及财务部门发现问题，找出薄弱环节，为以后财务管理制度的完善提供参考依据，从而更好地促进高校健康持续发展。一是树立绩效理念。当前高校的预算管理存在重事前预测、事中控制、轻事后总结评价的问题，这与预算管理本身的要求是相违背的。树立绩效理念就是要求在预算管理中必须以绩效为导向，树立绩效最大化的总目标，积极寻求最优的投入和产出比率，然后针对现状找问题、查原因、想思路、破难题，不断提高财务管理水平。二是分步制定绩效考核指标。随着高校二级财务管理的深入推进，对二级院系的财务管理水平和成效提出了更高的要求。因此在绩效考核的指标体系中，除了对预算执行情况进行考核，还应纳入以下指标，

如经费自筹能力、经费使用效能、科研经费、内部控制等,切实提高考核指标的完整性、科学性和公平性。同时还要根据形势的发展变化,动态调整、及时增减评价指标,使整个考核体系不断完善和修正,达到最大程度的合理。三是建立科学的奖惩机制。成立考评小组,根据考核指标体系,确定评分标准,对各二级院系的自评报告进行综合评议,同时把自评和他评按照不同的分值比例纳入总排名的考虑因素。按照考核结果进行奖惩,对考核合格的,按照事先预算给予全额划拨;对考核优秀的,给予一定额度的奖励;对考核不合格的,扣除其一定额度的预算经费。通过奖惩的杠杆调节作用,对二级院系的财务管理起到规范和导向作用。

(二)重视预算管理,完善财务规章制度

财务规章制度是约束财务管理工作在许可范围内实施的规范文件,两者互相促进。建立二级院系预算管理体系,健全二级财务管理规章制度,就是要形成一套权责明确、管控严格的预算管理体系,这无疑是高校推进二级财务管理的重要前提与保证。一是精确编制年度财务预算。预算管理是高校财务管理的重要组成部分,高校财务管理部门要切实根据学校每个年度的发展计划,遵循"量入为出、量力而行、收支平衡"的编制原则,全面、科学、精确地预算本年度的收入和支出。在编制预算时,除了学院业务经费按照定额进行预算,其他预算支出项目均以零为基础,不必参照以往支出的情况,而是坚持实际性原则,切实研究分析每个预算项目是否有支出的必要以及支出的金额。二是严格执行年度财务预算。年度财务预算从酝酿、调研、分析、编制到最终通过,是十分科学和严谨的。因此,年度预算一经确定,就必须严格执行。任何单位和个人都不得随意调整、更改预算,从而保证年度预算的严肃性和权威性。高校财务部门作为高校财务管理的职能部门,有必要对二级院系的预算执行情况和效果进行跟踪、了解和有效控制,对出现的一些不合理现象进行预警。三是完善内部控制制度。完善内部控制制度能够有力地保障二级院系财务管理工作的顺利开展。因此,各二级院系的领导必须高度重视制度建设,强化内控意识,对国家现有的财经法律法规以及高校财务部门制定的相关规章制度进行认真解读、学习领会,并以此为主要依据,立足学院实际,制定操作强、实用价值高的财务管理制度,主要包括经济责任制度、内部审核制度、绩效考核制度、预算资金分配制度、现金管理制度等,切实做到立规矩、重执行,保证二级院系的各项收支规范有序。

（三）注重监督审计，强化民主监督功能

对于高校而言，监督是贯彻国家财经法规以及高校财务规章制度、维护财经纪律的重要保证，高校必须建立严密的内部监督制度，并自觉接受有关部门的监督。具体来说，一是充分发挥高校财务管理部门的监督职能。在高校实施二级管理的新常态下，高校财务部门也需要不断丰富自身的功能和职责，在做好常规服务的基础上，创新工作思路，加大对二级院系经费使用情况的考核和监督，时时掌握二级院系的经费执行情况，做到全过程的实时控制，既做到发现问题立刻预警，又能够及时反馈做好沟通，使经费的使用效率最大化。二是建立、完善内部审计制度。严格的内部审计制度有利于规范二级院系的内部控制。审计部门要根据高校实际建立和完善以经济责任审计为主体的内部审计制度，定期对高校和二级院系的经费行为开展客观公正的审核和督查。通过内部审计确保会计基础资料的真实、完整和有效，为二级院系完善内部控制制度提供科学的合理化建议，杜绝财务管理责任人的违法乱纪现象，确保高校二级财务管理的健康运行。三是健全多层次的经济责任制。在当前推行的"统一领导、分级管理"的财务管理体制下，必须建立主管财务校级领导、财务部门负责人、二级院系院长（主任）的三级经济责任制。同时，二级院系可以根据单位实际，建立本单位的内部经济责任制，使经济责任制贯穿于高校财务管理工作的全过程。经济责任制的具体内容包括收支预算经济责任制、财经制度制定与调整经济责任制、财务管理体制制定与完善经济责任制、财务主管人员经济责任制、国有资产保值增值责任制、重大项目资金支出经济责任制等。

（四）完善组织构架，加强工作队伍建设

高校应抓住学校实施二级财务管理改革的契机，健全二级院系财务管理的内部组织构架，加强二级院系财务人员的队伍建设，为建立一个科学、合理、完善的二级院系财务管理体系打下基础。一是明确财务工作的分工和职责。二级院系院长（主任）对本单位的财务管理工作负总责，对各项经费使用的真实性、合理性和有效性负总责，其他副职分管工作经费的管理和审批。二是规范财务管理工作的审批流程和制度。按照经办人→副院长→院长的财务审批流程，单位的年度预算、大额经费的列支等重大财务事项由学校党政联席会议讨论并接受单位财务监督委员会的监督，逐步形成民主监督和集体监督相结合的机制。三是完善财务信息公开制度。充分发挥二级院系财务监督委员会、学院教职员工代表大会（工会）的功能，进一步强化监督的实效性。二级院系每个年度的财务报告、教职员工的收入分配办法、二级院系每年的重点预算项目等涉及教

职员工切身利益的制度、安排均要提交教职员工代表大会通过，并接受财务监督委员会的监督，确保各项经费使用的透明性。四是加强二级院系财务人员的队伍建设。高校可以根据内部人员的实际情况，采取委派财务处人员到二级院系开展财务管理工作、直接聘任相关人员担任二级院系财务人员等灵活多样的方式，把工作队伍建立起来，然后定期或不定期地开展政策制度学习、财务知识培训、工作经验交流，使这些财务人员及时更新业务知识、开拓工作视野，从而提升二级院系整体财务管理水平。

总之，在教育新常态下，地方高校实施二级财务管理，进一步规范二级财务管理的全过程，对于促进地方性高校的长远发展具有重要的理论价值和现实意义。随着地方高校二级财务管理的进一步深化，科学、完整、有效的财务管理制度的建立，必将极大地推动地方性高校的改革和发展。

第三章　高校财务绩效评价

第一节　高校财务绩效评价的制约因素及应对策略

高校财务是高校发展的重要保障，也是判断高校实际发展情况的重要依据。高校财务评价具有独特的复杂性，科学合理的财务绩效评价是高校进行资源再分配的重要参考依据，其重要性不言而喻。基于此，本节主要对高校财务绩效评价的制约因素和应对策略进行讨论，以期有利于改善高校财务状况。

自高校扩招开始，高校的理财环境发生了一定的变化。高校的教学职能更加多样化，办学活力大大增强，使得高校的筹资渠道逐渐多元化、高校财务收支急速增长、会计计量日益复杂。因此，对包括高校资金在内的各种资源进行合理有效的分配成为高校管理的重点领域。同时，高校是非营利组织，产出测算困难，成本估计困难，这也要求高校引入财务绩效评价制度。

一、高校财务绩效评价的主要制约因素

高校进行财务评价的目的在于科学、准确地揭示高校的经营与财务状况，为管理决策提供依据。制约高校财务绩效评价的主要因素有以下几方面。

（一）评价指标体系

高校财务绩效评价指标体系包括多个指标。我国设计了包括高校财务绩效、财务潜力、高校综合潜力等38个指标的高校财务绩效评价体系，并被教育部用于对直属高校进行财务绩效评价。也有高校设计了不同的评价体系，不同体系的研究方法与侧重点不尽相同，因而也会导致高校财务绩效评价结果有所差异。

（二）评价标准

不同高校的财务绩效评价侧重点不同，评价的标准也存在差异。同一所高校采用不同的评价标准，也会得出不同的结果。例如，有的高校重视非财务信息在整个体系中的作用，引入平衡计分法，对学生学习成长、财务、内部流程等多方面进行同等考量；有的高校重业绩，采用模糊数学法进行评价，将教学绩效、产业绩效、科研绩效作为第一阶梯，其他条件作为第二阶梯。总之，不同的标准得到的结果也不同。

二、高校财务绩效评价的应对策略

（一）构建评价指标体系

第一，要构建符合实际的评价指标体系。评价指标体系的多个指标相互作用，得到最终结果，每个指标都具有特定的功能。构建该体系要遵循科学性原则，科学性体现在指标的选择和评价模型的构建两方面。指标的选择要有理论依据，符合高校实际，不遗漏也不重复，各个指标既能共同发挥作用，又能保持相互独立。构建出的评价模型体系要具备层次性、整体性，具备一个系统所应拥有的一般特性。

第二，要符合相关性原则。当前，高校的资金来源非常多元化，财务绩效评价的项目增多，不仅有教育部门与政府，还有其他人员或集团。因此，高校的财务绩效评价指标构建要符合相关性。相关性一方面体现在指标的选取需与高校财务绩效相关，另一方面体现在构建出的体系所得出的结果应关联所有利益相关者，发挥为相关者提供决策依据的作用。

第三，要符合可比性原则。没有比较就难以发现不足，可比性原则既包括不同高校财务绩效结果的对比，又包括高校在不同时间段的财务绩效结果的对比。基于以上原因，可比性是高校构建评价指标体系时所必须考虑的因素。评价指标体系的可比性主要侧重评价结果的可比，要能够对评价结果进行适当性调整，使评价结果具备可比性。评价指标的可比性主要是指指标的通用性与适用性，这一点主要体现在应尽量避免采取只适合于少数高校甚至是个别高校的指标。

第四，要重视可操作性。可操作原则是构建评价指标体系的必要条件。高校资金复杂，产出衡量困难，故而财务绩效评价难度大。对评价结果产生影响的因素除了评价指数模型、指标选择、指标权重，还有数据的可获得性。纵然有些评价指标非常适用于高校财务绩效的评价，但数据获取困难或者获取数据的精确度低，在选择时也要慎重考虑。

（二）应用评价方法

高校财务绩效评价的发展经历了很长时间，但评价的方式和内容还未形成统一标准，即便如此，有一点是毋庸置疑的：高校财务的绩效都是指投入的教育资源、资金所产生的能够用数量结果进行显示的最大效益、最高效率、最大效果。因此，在构建财务绩效评价体系时，财务效益、财务效果、财务效率是每所高校都要考虑的三方面。此外，高校具有特殊的学术性，部分高校会有优秀论文、国家级科技奖励甚至是三大科技奖项，虽然这些情况不适合于所有高校，却是很重要的评价指标。因此，高校在设计评价体系时至少需包含高校财务绩效基本指标和补充指标两部分，高校应结合实际选择适合自己的评价方法。选择评价方法后，在应用中要对财务评价主要明细指标进行阐述，如资产负债率、到期债务偿还率、净收益和报酬率、资产增长率、教育资金投入率等。同时，师生状况如师生比例这些内容也要有所体现。

科学合理的高校财务绩效评价能够实现高校资源的合理配置、提高办学效益，强化国家对高校的监督管理，是我国教育事业发展的重要助力，因此要重视并发展高校财务绩效评价。

第二节　高校财务绩效评价指标体系的构建

在高校的日常运作当中，财务管理是其中非常重要的工作内容之一。针对高校财务管理工作进行绩效评估和考核，能够进一步加强高校的财务管理工作，在保障高校社会效益的同时提高高校的经济效益，使得高校在未来能够有更好的发展。然而，从目前高校财务绩效评价指标体系的建设来看，还存在着一些问题，阻碍了高校绩效评估、考核工作的开展以及作用的发挥。本节对当前高校财务绩效评价中存在的问题进行探讨，分析高校财务绩效评价指标体系构建的重要性和基本原则。

对于高校的日常管理工作来说，财务管理是其中非常重要的工作内容。财务管理的工作直接关系到高校的正常运作、相关措施的实施以及高校自身的发展空间。因此，在高校的管理工作当中，必须重视高校财务工作的各个方面，并且保障相关措施的完善以及工作完成的效率和质量。一旦高校财务管理工作出现问题，就很有可能使得高校的运作经费不足，或者是相关资料的利用率低，对高校的正常发展以及工作的开展造成极大的阻碍。而要保障高校的财务管理工作，提高财务管理工作的质量和效率，就必须重视财务绩效评价指标体系的建设。这不仅是因为财务绩效评价指标体系的构建是当前我国财政体制改革对于高校管理提出的基本要求之一，还因为财务绩效评价指标体系的构建能够更好地提升高校财务管理工作的质量以及效率，并且加强财务工作人员的积极性，激发他们的主观能动性，使他们更好地完成手中的工作。而要确保财务绩效评价指标体系的构建，首先要了解的就是当前高校财务绩效评价存在的问题，这样才能更好地进行改善。

一、当前高校财务绩效评价中存在的问题

从目前我国高校的财务管理工作来看，大部分高校已经开始了财务绩效评价工作，并且通过财务绩效评价工作的开展使得当前高校财务管理工作的质量获得了一定程度的提高。但是，依然存在着一些问题使得高校财务绩效评价工作无法真正地发挥作用，最为明显的一点就在于，在当前无论是高校的管理人员还是从事高校财务管理的工作人员都没有真正认识到财务绩效评价体系建设的重要性，也不了解财务绩效评价体系的真正作用，从而使得绩效评价体系的建设和开展都存在问题。也就是说，当前高校在进行财务经济效益评价工作的时候，没有正确地评估高校的经营效益以及资源分配的合理性，导致高校资源出现极大的浪费。除此之外，在目前高校的财务管理中，所使用的财务绩效评价体系也并不完善。一般情况下，财务绩效评价体系都是由指标、标准与方法这三个部分组成的。然而，从目前高校财务绩效评价体系的构建来看，其中指标的设计存在极大的缺陷，因此并不能如实地反映高校的财务绩效情况。同时，高校的财务绩效评价体系也没有一个全面、科学、合理的考核评价标准作为依据，这样一来就会使得评价缺乏公正和客观性。最后，在高校财务绩效评价工作的实施过程中，并没有一个完善的监督管理机制对工作开展状况进行严密的监督，导致财务绩效评价工作在实施过程中会出现一些问题，从而影响高校的财务管理工作，直接导致高校正常的运作出现问题。

二、高校财务绩效评价指标体系构建的重要性

（一）满足高校财务制度的要求

2012年，我国财政部颁布了《高等学校财务制度》（以下简称《制度》），在这一《制度》当中，对我国所有的全日制普通高校包括成人高校的财务管理

工作都提出了明确要求。并且明确表示在高校的财务管理工作当中,必须要开展绩效评价以及绩效考核工作,从而确保高校财务管理工作的正常开展。除此之外,在《制度》中还指出,高校在未来的运作过程当中,必须提高资源的使用效率,确保高校资源的优化分配,平衡高校的社会效益与经济效益,使得高校在提升教育水平的同时提高自身的经济效益。除此之外,还需要通过绩效评价与考核来保障财务管理中各项工作的开展和实施,确保高校资源不会出现浪费或者被不法窃取的情况。

(二)建立高校内部经济责任制

所谓的高校经济责任制,指的就是在高校中要以办学为目标,在此基础之上提高高校的经济效益,并且明确各岗位的分工以及责权,要求各岗位以及各部门之间进行相互的监督管理与配合,从而提高高校经济效益的经济制度。高校经济责任制是高校内部管理中不可分割的一部分。众所周知,无论是在任何一个行业以及任何一个企业、机构与组织当中,财务管理工作都是以货币价值为评价标准。而高校的财务管理更是以货币价值为指标来评价高校的教育、科研、行政等各项活动,并且通过各项活动的效果与影响切实地反映高校当前的经济效益与社会效益。而财务绩效评价指标体系的构建,则能够客观、真实地对各项活动进行评价,从而保障与高校经济责任制相关的制度的制定、实施以及效果评估,使高校经济责任制能够发挥更大的作用。

(三)加强政府的管理工作

从当前我国高校开办的实际情况来看,大部分高校属于公办高校。而公办高校的运作经费主要来自国家的财政拨款,其次就是学生的缴费收入。在这样的情况下,由于国家财政是学校的投资主体,所以高校归国家所有。因此,高校的财务管理必须要向国家财政负责。同时,为了确保国家财政针对高校的拨款被用于高校的建设,财政部颁布了相关措施确保预算的执行以及完成过程,确保预算资金的使用途径以及使用效率。特别是在2013年4月的时候,财政部颁发了《财政预算绩效评价共性指标体系框架》和《部门整体支出绩效评价共性指标体系框架》,进一步明确了高校资源的优化配置以及保障高校社会效益与经济效益的平衡,同时要加强高校财务管理中风险的评估,并且需要建立高校财务绩效评价指标体系,以此来确保高校财务管理工作的正常开展,提高高校管理工作的质量与效率。

由于我国大部分高校属于公办学校,因此高校的建设与管理需要以国家相关政策以及基本国情为导向，依照国家相关的法律法规进行办学，并且在高校中进行科学的管理。而高校财务绩效评价指标体系的构建，能够确保高校财务管理工作按照国家政府以及相关部门的要求进行，同时提高高校资源的使用效率，提高高校教职人员与学生的利益，在保障高校社会效益的基础之上提升高校的经济效益，为高校的建设以及现代管理体制的改革提供保障。

三、高校财务绩效评价指标体系构建的基本原则

（一）社会效益与经济效益的均衡原则

从当前我国高校财务绩效评价指标体系的构建来看，主要是针对高校经济效益的评价与分析，然而高校社会效益却没有一套完善的评价指标。需要注意的是，任何一所学校其本身都是具有公益性以及社会责任的。因此在进行财务绩效评价以及考核工作时，绝对不能忽视高校的社会效益。一定要确保高校社会效益与经济效益的均衡，这样才能在客观、公正地评价高校财务状况的同时，确保高校能够更好地发展。

（二）针对性原则

需要注意的是，虽然同为高校，但是在我国的高等教育当中又分为学历教育与非学历教育。而从制度上来看，也被分为全日制和非全日制两种。除此之外，同为学历教育，但是在学历教育中也有专科、本科以及研究生教育三种。虽然我国大部分高校都为公办学校，但是也存在少部分的民办高校。同时，在全日制高校当中又有综合型、研究型、教学型以及应用实践型等类型之分。因此，在进行高校财务绩效评价指标体系构建工作时，一定要注意的是根据高校实际的情况，包括高校的类别、层次以及教育形式等有针对性地开展。这样才能确保财务绩效评价指标体系真正地发挥作用，从而加强高校的管理水平，保障高校在未来能够更好地发展。

（三）价值与非价值指标的结合原则

需要注意的是，高校作为一个教育机构以及研究机构，其社会效益是绝对不能忽视的。因此，在进行高校财务绩效评价指标体系的构建工作时，除了要针对具有货币价值的内容进行评估与考核，还需要对非货币价值的工作内容进行财务绩效评估。例如，师生比、科研成果转化率、论文发表数量与质量、获奖数等，这些都是高校的宝贵资产，必须要引起重视。

（四）绩效评价与财务分析指标的结合原则

所谓财务分析指标，指的就是相关工作人员通过特殊的方法对高校的事业计划、财务报表以及其他资料等信息数据进行分析，以此反映出阶段时间内高校财务的实际情况，从而更好地评判高校在阶段时间内各项活动的效果以及规律，并且以此为依据来指导日后高校的经济活动与其他事业活动。之所以要做到绩效评价指标与财务分析指标的结合，是因为在财务分析工作中所需要的财务报表等其他与财务工作相关的资料，都需要通过绩效评价与考核得出相关的结论与数据。因此，只有将绩效评价指标与财务分析指标的制定相结合，确保两者之间的辩证统一，才能更好地保障高校财务分析工作的开展，有利于高校在未来更好地发展。

第三节　高校财务人员绩效评价体系的构建

高校财务管理是严格落实国家财经政策的重要内容，是高校从根源上消除经济犯罪、避免经济损失的关键环节。新时期，提高高校财务管理水平对提高高校综合管理能力有着至关重要的作用，而作为现代高校财务管理工作核心的财务绩效评价体系的构建显得尤为重要。本节阐述了高校财务人员绩效评价体系构建的必要性，分析了高校财务人员绩效评价存在的问题，提出了高校财务人员绩效评价体系的构建策略。

目前，我国高校尚未构建完善的财务绩效评价指标体系，对高校财务人员绩效的评价基本以财务分析指标为准，由于该指标主要凭借价值性经济指标对财务结果加以评价，无法客观全面地反映高校财务运行的现状，无法全面反映非经济指标在绩效考评中的重要性。因此，构建完善的高校财务人员绩效评价体系具有重要的现实意义和应用价值。

一、高校财务人员绩效评价体系构建的必要性

（一）强化高校内部管理的实际需要

高校经济责任制是高校内部管理制度的核心，是高校内部建立的以实现根本教学目标、实现经济与社会效益双赢为目的、以责权利相结合为特点的职责分明、相互监督、逐级落实的经济管理体系。财务管理是以货币价值为指标对高校各项活动加以监管，受货币属性的影响，高校财务管理活动具有明显的综

合性特征，这决定了财务指标可以真实地反映高校各项活动的实际效益。要实现对财务人员的绩效评价就必须以财务经济指标为主。只有构建完善的经济责任制和财务绩效评价指标体系，才能充分落实经济责任，才能实现财务人员绩效考核的制度化和规范化，为财务人员的业绩评价、绩效奖罚和选拔任用提供制度保障。

（二）加强政府宏观管理的客观需要

目前，我国高校办公经费主要以政府拨款为主，财政部为了对预算的落实情况和执行结果进行全面客观的追踪问效，全面提高预算资金的利用率，出台了《预算绩效评价共性指标体系框架》和《部门整体支出绩效评价共性指标体系框架》，进一步加强了对高校财务管理现状、运行情况、财务风险的管理与分析，客观上需要构建完善的高校财务人员绩效评价体系，为政府的宏观管理提供客观依据，以便对高校运行的经济效益和社会效益进行全面考核。

（三）构建现代高校管理体系的现实要求

现代大学制度的核心是在政府宏观调控政策指导下，高校面向社会，依法自主办学，进行科学管理。现代大学制度的内容十分丰富，涉及面也非常广泛，包括规范大学与政府的关系、理顺大学与社会的关系、完善大学内部治理结构等方面。高校财务管理体系与高校内部治理结构存在密切关联，财务人员绩效的好坏、资金利用率的高低在很大程度上决定着高校所有教职员工和学生的实际利益，只有提高资金利用率才能确保高校内部治理结构的完善与革新，为现代高校管理体系的构建奠定坚实的物质基础。

二、高校财务人员绩效评价存在的问题

目前，高校财务绩效评价尚处于探索时期，财务绩效评价体系还不完善，财政性资金和非税收资金、其他资金的使用效益也未能建立相应的监管、考评机制，财务人员绩效评价体系没有跟上财政体制改革的步伐，不能有效满足现代高校教育改革的实际要求。

（一）重视度不够，认识存在误区

长期以来，高校财务人员绩效评价中普遍存在"重分配，轻监管""重投入，轻产出"等意识层面的误区与问题，绩效评价意识薄弱，造成高校在日常运行中资源投入不够与教育资源浪费共存、资源分配不合理与资源利用率低共存、

教育资金使用率低与资金使用效益低共存等问题。

（二）整体性不足，缺乏规范性

高校财务人员绩效评价体系应该是一个包括评价主体、评价客体、评价指标等在内的整体性非常强的体系。当前，我国高校绩效评价还没有形成完善的指标体系，在评价标准上基本还沿用传统标准的纵向对比，缺乏与国内同类高校的横向对比。评价方法上，尚未形成有效的方法体系，一般只采用比率分析法、趋势分析法、对比分析法、因素分析法等传统的财务分析方法。评价主体模糊，目的性不强，为评价而评价，形式主义问题严重，未能充分发挥评价的规范和激励作用。评价客体上界定不明确，笼统地将高校视为评价客体，没有进行深入细化，最终造成评价指标的笼统模糊。

（三）配套不完善，缺乏监督机制

大多数高校都没有制定有关财务人员绩效评价方面的文件，文件支持体系显得十分落后。高校绩效评价指标体系也没有法律保障和制度保障，相关部门也没有出台关于绩效考评内容和流程的政策，配套的行之有效的监管机制也未能有效构建。

由于种种问题与制约，高校绩效考核在规范性、科学性和客观性上都存在较大欠缺，无法得出令人信服的绩效评价结果。客观来讲，当前高校财务人员绩效评价工作还处于摸索时期，绩效评价体系亟待完善和规范。

三、高校财务人员绩效评价体系的构建策略

高校财务人员绩效评价存在着许多问题，如不及时解决，势必会对我国高校财务管理工作带来严重的负面影响，同时会对高校人才培养计划的实施以及教育质量的提高带来严重制约。所以要从实际存在的问题着手，有针对性地提高高校财务人员绩效评价工作的质量，构建完善的高校财务人员绩效评价体系。

（一）强化绩效评价意识，提高思想重视程度

对工作的重视程度直接影响着后续工作开展质量的高低。对于高校财务人员绩效管理工作而言，种种历史因素的制约使得高校管理者对财务管理存在普遍的惯性意识缺失。因此，要想提高高校财务绩效评价工作质量，首先要强化管理者的绩效评价意识，提高他们的思想重视程度。高校绩效管理工作与企业财务绩效管理之间存在许多共性，但又由于高校属于现代社会人才培养的重要基地，所以高校在许多方面需要权衡教育质量与经济效益。因此，高校财务人

员绩效评价工作与企业财务绩效管理之间又存在许多差异。高校管理层必须重视并加强相关理论知识的学习，只有这样才能避免财务人员绩效评价流于表面，真正实现统筹兼备、全面把控。高校管理者必须树立现代化财务管理理念，必须在加强现代教育改革、提高资源利用率的基础上强化财务绩效评价意识，明确财务绩效管理工作高效开展是促进高校可持续发展的有效手段，进而将这种理念和意识充分落实在日常管理中，提高高校内部管理工作的整体质量。

（二）加强指标体系建设，确保评价结果客观

要想提高财务管理的绩效评价工作质量，就必须从评价的具体工作入手。换句话说，就是要构建完善健全的绩效评价指标体系，只有这样才能确保绩效评价结果的客观性与公正性。绩效评价体系构建必须明确评价标准、评价内容、评价对象、评价流程和评价范围。此外，为了避免财务绩效评价工作流于表面、流于形式，应该使财务性指标与经济性指标有效结合，确保短期目标与长远目标的协调一致，不仅要重视评价结果，还要加强后续评价、分析、研讨，提高绩效评价工作的深广度，同时将评价结果作为未来预算管理、资源分配、资金利用等具体工作的重要依据，以便充分发挥财务人员绩效评价的真正作用。

（三）建立合理激励机制，形成完善的约束体系

因国家在投资责任方面未能形成健全完善、行之有效的约束机制，导致许多高校成本意识薄弱，办学效益低下。所以，必须建立合理的激励与约束机制，对高校财务人员绩效评价进行合理约束，确保高校办学行为的科学性和规范性，实现高校办学经济效益与社会效益的双赢，推动高校的可持续发展。此外，将财务管理行为引到绩效上来，然后予以适当奖励，充分调动参与财务绩效评价人员的积极性，构建合理的、完善的财务人员绩效评价激励机制和约束体系，并充分发挥其应有的作用。

（四）加强信息数据库建设，提供有力的技术支撑

科学合理、完整动态的信息数据库的建立，不仅有助于收集、整理、分析绩效评估资料，及时客观地反馈绩效评价结果，而且有助于为财务人员绩效评价工作的持续高效开展提供强有力的技术支撑。一方面，评价标准的科学性、精准性取决于数据信息的动态积累过程；另一方面，随着高校信息化建设的深入，政府和社会投资主体也要求加强财务绩效评价信息数据库的建设，实现财务管理的信息化，提高数据资源的共享度。此外，高校还要定期向投资者披露

高校教育经费投入、预算使用情况和资源利用情况，确保绩效评价的公开化、公正化，为投资者做出正确的投资决策提供可靠依据。

总而言之，高校财务人员绩效评价体系的具体标准与实际要求，要由相关部门结合本校特点和实际情况制定科学合理的评价标准与依据。高校可以根据具体的现实情况，在充分满足政府宏观财务绩效评价指标体系的基础上合理进行增减，并结合学校内部管理的实际需要构建高校内部二级单位财务人员绩效评价指标体系，推动高校财务管理工作的可持续发展。

第四节 高校财务绩效综合实力评价

高校财务绩效综合实力评价指标体系的运用必须注意项目相关性、对比口径的一致性，还要保证衡量标准的科学性，注重指标计算的有用性，避免指标的多而乏用，同时要注意定量指标与定性指标、横向指标与纵向指标、静态指标与动态指标等的结合，多角度、全方位进行分析。

利用财务管理和会计核算，从财务角度对高校财务管理与绩效进行综合评价，有针对性地提出改进措施，提高有限资源的优化配置和使用效率，对加强高校财务状况的有效监控与宏观管理、促使高校财务工作自我评价有重要意义。

一、教育绩效评价的特征

教育绩效评价，一方面反映了绩效评价的基本思想和要求，另一方面体现了教育的本质属性和特征。因此，教育绩效评价的特征体现了绩效评价和教育本质属性的统一。在具体实施高等教育绩效评价的过程中，我们应该坚持：第一，效率和公益性的统一。效率是绩效评价的核心，而公益性则是教育的本质属性。第二，客观性和人文性的统一。绩效评价是建立在对指标数据分析基础上的事实判断，但判断的结果是对大学绩效的反馈，就是要通过客观的数据来说明大学人文的一面。第三，发展性和现实性的统一。教育绩效评价的结果是指向未来的，但评价所采用的数据则是面向过去的，这就是说对过去已经发生的情况进行分析，而目标是发现问题，为未来决策提供政策依据。

二、高校财务绩效综合实力评价的必要性

（一）有利于制订合理的发展目标

高效、优化的配置资源是政府和市场对高校的要求。因此，必须对高校开展财务绩效评价，并在此基础上对高校未来财务状况做出理性判断，才有可能使高校的规划科学合理、有轻有重、有缓有急，有利于高校积极稳妥地实现既定目标，从容应对各种考验和挑战。

（二）有利于了解高校的发展状况和经济实力

通过年末借款余额、生均借款额、资产负债率等绩效评价指标，从各方面对高校财务风险进行分析评价，判断高校的综合财务状况及偿债能力，进而掌握高校综合财务状况变化趋势。

（三）可以为高校发展提供定量依据

高校财务绩效综合实力评价就是对高校理财活动的评价，高校通过建立财务绩效综合实力评价指标体系，并对评价结果进行科学分析，客观反映综合绩效及差距，及时调整经费及投入方向。

（四）有利于控制高校财务风险

高校负债人所共知，控制高校财务风险的关键是适度举债。负债不应当影响高校正常教学科研及维持费用的开支，因此必须考核财务发展潜力，对高校财务运行边界进行预报，避免或降低财务风险。

（五）有利于提高教育经费的使用效率

通过科学有效的绩效评价可以发现，哪些投入是必要的，哪些是不必要的，哪些投入是高效的，哪些是低效甚至无效的，这样可以不断提升高校的管理水平、降低成本、提高办学效益。

（六）有利于增强高校自我发展能力

办学条件、人力资源、资产利用率、专业教育能力、财务能力等指标，不仅是对高校管理的评价，也是一种诊断，可以对高校战略规划实施过程和状态采取必要的调整。绩效评价制度的实施，能够引导高校科学制订事业规划，有利于增强高校发展能力。

三、建立高校财务绩效综合实力评价指标体系的原则

高校财务管理的特殊性和复杂性决定了在高校财务绩效综合实力评价指标体系构建过程中既要考虑财务管理的共性特征，也要考虑高校的个性特征，应严格坚持如下原则。

（一）科学性

评价指标的设计既要考虑评价研究的任务，也要符合客观现象本身的特点、性质及其运动规律。要注意指标的代表性及体系的完整性，要求指标之间不重复、不遗漏，指标之间既相互独立又互为补充。

（二）统一性

评价指标的设计要注意统计核算与会计核算、业务核算的联系和统一的原则。

（三）重要性

在复杂的指标群中选择那些具有代表性的财务评价指标，充分有效地表达财务状况的运行特征和内在规律。

（四）可比性

评价指标在设计中要注意指标的口径和方法具有动态可比性，并在空间范围内可比。

（五）通用性

评价指标在设计中要注意统计核算与会计核算、业务核算的联系和统一，要注意几种评价指标的兼容和统一，以保证信息资源的共享。要尽可能设计出一套满足不同信息需求者的指标体系，使指标具有充分扩展、分解组合的功能，以保证指标评价的权威性和准确性。

（六）整体性

财务绩效评价体系是一个多变量输出的复杂系统，评价的目标也是多元化的，不能用局限性较大的单一指标进行评价，而是要建立一套既各有侧重又相互联系的指标体系来反映高校的总体绩效。

（七）动态性

高校财务绩效评价是一项长期的工作，应充分考虑评价的趋势性，剔除偶然性因素的影响，按动态完善原则不断进行修订，以科学、准确地反映各高校的绩效水平和综合管理水平。

（八）可行性

建立的评价指标，既要从理论上注意科学性和完整性，也要考虑实际使用时的可行性。

（九）历史性

在长期的财务管理、会计核算、经济统计过程中，已经形成一些能够对特定内容予以反映的若干指标，综合评价指标设置应借鉴这些历史经验。

（十）效用性

财务绩效评价要突出重点，注重实效，通过评价强化财务资金管理和使用者的责任，优化支出结构和提高财务资金使用效益，为预算编制和执行提供科学依据。

四、高校财务绩效综合实力评价的方法

（一）预定目标与实施效果比较法

通过将财务支出所产生的实际结果与预定的目标进行比较，分析完成或未完成目标的因素，从而评价财务支出绩效。

（二）成本——效益比较法

针对财务支出确定的目标，在目标效益相同的情况下，对支出项目中发生的各种正常开支、额外开支和特殊费用等进行比较，以最小成本取得最大效益为优。

（三）最低费用选择法

在无法取得有关项目的预期收益时，分析比较项目的投入，费用或成本最低为最优。

（四）因素分析法

通过列举分析所有影响收益及成本的内外因素，进行综合分析评价的方法。

（五）专家评议法

通过邀请在某一方面具有特长的若干专家，对项目支出绩效进行评价后，汇总分析专家意见的一种评价方法。

（六）公众评判法

采取问卷统计、测评等方式向公众进行某项支出项目实施效益情况的调查，以评判其效益高低。

（七）横向比较法

将相同的项目支出通过比较，进行综合分析和判断的方法。

（八）主成分分析法

主要是对高校财务绩效评价采取因子对总体效应来确定各个变量对总体效应的影响。

（九）隶属度赋值法

评议人员根据自己的学识、经验和对评价对象的了解，参考评议标准，确定评议指标的不同档次和等级。评议过程就是赋值过程。

五、高校财务绩效综合实力评价指标体系的构建

（一）定量指标

1. 总收入

总收入包含政府拨款和高校自筹两部分。总收入反映了高校的资金规模，体现了高校的综合实力，表明高校事业发展的能力。反映总收入的主要指标如下所述。

①总收入增长率，即（当年总收入/上年总收入）×100%。高校事业发展需要保持一定的收入增长率，而评价一所高校的发展潜力必须分析其收入增长的能力。

②自筹收入占有率，即（当年自筹收入/当年总收入）×100%。自筹收入主要包括学费收入、住宿费收入、教学服务收入、科研服务收入、其他服务收入、校办产业收入、投资收入、捐赠和赞助收入等。自筹收入占有率反映了高校自我发展的能力。

③自筹收入增长率，即（当年自筹收入/上年自筹收入）×100%。自筹收入增长率从动态角度反映了高校在自筹资金方面的努力程度。

④年末净存款余额。年末净存款余额＝年末货币资金额＋短期投资－借入款。该指标反映高校可动用的流动资金数，是高校财务运行状况的重要考核指标。年末净存款余额应保持略有结余。从理论上讲，年末净存款余额越大，说明高校可支配和周转的财力越强。但若有较大量的结余，则有可能是当年含有较大量的未付款项或当年有未完成项目，并不能说明高校可支配和周转的财力越强。

⑤融资收入占银行存款年均余额的比例，即（融资收入/银行存款年均余额）×100%。融资收入是指学校财务部门年度全部金融资产所获得的利息及投资收益等全部收入，银行存款年均余额是银行存款期初数与期末数平均数。该指标反映高校盘活资金存量、合理理财、积极组织融资活动的成果。

2. 总支出

反映高校支出增长速度的主要指标如下所述。

①总支出增长率，即（当年总支出/上年总支出）×100%。总支出增长率不能过快，应保持适当速度。

②人员支出比率，即（人员支出/总支出）×100%。降低人员支出比重是提高管理水平和效益的体现。人员支出比率越低越好。

③公用支出比率，即（公用支出/总支出）×100%。对公用支出比率要具体评价其构成，若其中需要控制的项目，如办公费、会议费、业务招待费等比例大，则不利于事业发展。

④年度收支比，指高校本年度总支出与本年度总收入进行比较。若总支出大于总收入，反映高校该年度出现赤字。数额越大，说明高校财务运行越困难。若总支出小于总收入，说明高校财务运行处在正常状况。

⑤年末净存款占总支出比。学校年末净存款与当年经费总支出对比，说明净存款储备率。比例越高，说明学校财务潜力越大；比例越低，说明流动资金不足，财务周转困难。

3. 资产

①资产负债率，即（负债总额/资产总额）×100%。这是用来衡量高校利用债权人提供的资金开展业务活动的能力，以及反映债权人提供资金的安全保障程度。如果资产负债率大于100%，表明高校已经资不抵债。

②负债收入率，即（负债总额/收入总额）×100%。该指标反映高校承受财务风险的能力，指标过大，则财务风险增加，对事业发展会形成威胁。

4. 当年学生就业率

就业率主要是反映高校教学成果被社会认可的程度。高校的品牌越好，高校发展的潜力越大。

5. 学生毕业率

毕业率主要是反映高校教学成果的高低。毕业率越高，高校教学成果越大；反之，高校教学成果越小。

6. 固定资产总值增长率

固定资产总值增长率=（当年固定资产总值/上年固定资产总值）×100%。该指标在一定程度上反映了高校的资产增长速度。资金规模相当的高校，资产增长率高说明高校财务支出结构较好。

7. 偿债能力

①资产负债率，即（负债总额/资产总额）×100%。这是用来衡量高校利用债权人提供的资金开展业务活动的能力，以及反映债权人提供资金的安全保障程度。如果资产负债率大于100%，表明高校已经资不抵债。

②负债收入率，即（负债总额/收入总额）×100%。该指标反映高校承受财务风险的能力，指标过大，则财务风险增加，对事业发展会形成威胁。

③对外负债率，即（负债总额年末数/年度收入总额）×100%。30%以下优质，40%～50%适度，50%～60%潜危，大于80%高风险。

④流动比率，即（流动资产/流动负债）×100%。表明每一元流动负债有多少流动资产作为支付保障。这一比率越高，债权人的安全程度就越高，高校的经营风险也越小。但流动比率过高会使高校的流动资金丧失再投资的机会。一般认为，高校的最佳流动比率为200%左右。

⑤速动比率，即（流动资产－存货）/流动负债×100%。该指标代表高校以速动资产偿还流动负债的综合能力。速动资产是指从流动资产中扣除变现速度最慢的存货等资产后，可以直接用于偿还流动负债的那部分流动资产。应该说，速动比率比流动比率更能表现一个企业的短期偿债能力。一般认为，速动比率为1∶1较合适。

⑥负债自有资金率，即（借入资金/自有资金）×100%。该指标用于衡量

高校负债与自有资金的配比情况。一般而言，该比例应维持在 1 左右为宜，表明高校有偿还债务的能力，财务风险不大。即其临界比率为 1，是稳定型变量。

⑦已获利息倍数，即事业结余/利息。该比率既反映高校获利能力的大小，又反映获利能力对于到期债务利息偿还的保障程度。当前各高校普遍采取银校合作这一手段，因而它是衡量高校长期偿债能力的重要指标。该指标的临界比率为 1，是稳定型变量。

（二）定性指标

①教职员工素质，指教职员工的文化水平、道德水准、专业技能、爱岗敬业等综合素质。

②管理者的素质，指管理者及与管理相关的内在基本属性与质量。管理者的素质主要表现为品德、知识、能力及身心条件。管理者的素质是形成管理水平、能力的基础。

③创新能力，包括制度创新、技术创新、管理创新、服务创新、观念创新等方面。

④社会影响，包括学生志愿填报情况、学生就业率、横向课题获取能力等方面。

第五节　从利益相关者角度分析绩效评价指标的设立

高校作为一个有机的整体，涉及政府、投资者、管理者、学生及学生家长、高校职工等较多的利益相关者，因此在设立高校财务绩效评价体系时，应当重视各个利益相关者的合理利益诉求。本节对高校的利益相关者进行了详细阐述，并从实际出发分析了从利益相关者角度设立高校财务管理绩效评价指标的优势及应遵循的原则。

由于高校的资金来源主要是政府拨款，而政府拨款增加的幅度往往满足不了高校扩招以后进一步发展的需要，加上高校不具有营利性质，没有有效的自由资金筹集渠道，所以运营资金的来源渠道受限明显。政府、投资者等作为高校资金的主要来源，若要持续投资，则必然对所投资金的回报率有一定的要求，这个要求是否满足以及满足到什么程度，都需要进行有效的财务绩效评价才能够实现，可见进行有效的财务绩效评价对高校发展有着十分重要的意义。下面将从多个利益相关者角度，强调高校财务绩效评价的重要性。

一、高校利益相关者

高校利益相关者包括政府部门、高校投资者、高校管理者、高校学生及其家长、高校教师等。例如，政府部门为高校所在的公共环境提供一定的便利，某些科研机构或者企业能为高校的学生就业或者职业培训等提供一定的资源，捐赠者能为高校提供资金支持，学生和教职员工能有效提高高校整体的声誉与实力。

（一）政府部门

政府部门是高校的主要投资人，高校培养出来的人才直接关系到能否为当地经济和社会发展发挥作用等关键方面。政府部门尤为关注高校教育资金是否被有效使用在人才培养和提高质量等方面，即关注高校的财务管理绩效问题。

（二）高校投资者

我国高校进行教育体制改革以来，许多高校扩大了招生规模，加大教学软硬件条件建设，教育经费的严重不足等问题也随之出现。此时学校除了进行必要的银行贷款补充教育资金，还需要争取社会其他投资力量的支持。

（三）高校管理者

高校管理者是最直观的高校利益相关者，他们肩负着管理高校的职责，不仅需要对高校的投资机构与个人负责，提高学校的日常运营效率和科研效率等，还需要对学生及学生家长负责，聘用高水平的教职员工并实现高水平的科研和教育。此外，高校管理者还有自身的利益诉求需要满足。作为高校财务管理绩效衡量指标的直接制定者，高校管理者是非常重要的利益相关者。

（四）高校学生及其家长

若将高校比喻成"企业"，则学生是"高校教育产品"的直接顾客，是高校这个"企业"是否能够长足发展的决定性因素。假如，高校学生普遍对高校的教育不满意、不认可，就无法促进高校教育的健康、持续发展，甚至会严重制约国家软实力的提高。人才的重要性，在国家的各个政策中都得到了强调，高校财务绩效评价应该重点关注是否满足了学生及学生家长的利益诉求。一般来说，学生对高校的要求包括获得良好的学习条件、企业用人单位对高校的认可度、较高的高校管理水平等。

（五）高校教师

高校教师作为高校教育的实际执行者，其工作效率、工作态度与工作的效果对高校的工作绩效高低起着决定性的作用。高校教师的利益诉求主要是工资福利待遇、实现自我的职业价值、取得更为稳定的工作环境等。高校教师的这些诉求需要在财务绩效评价指标上得以反映。

二、从利益相关者角度设立绩效指标的优势

（一）有利于促进高校可持续发展

在设立高校财务绩效指标时，从利益相关者角度出发使得各利益相关者充分地参与到高校财务管理中来。一方面，利益相关者的介入能够激发他们对高校管理的使命感与责任感，促使其更好地为高校的可持续发展而努力。另一方面，利益相关者的介入能有效降低管理成本，通过利益制衡来有效消除内部人员集权控制的情况。在高校财务绩效评价中，要充分考虑到各个利益相关者的利益需求，只有在所有的利益相关者的利益都能够获得一定程度的满足后，才能吸引更多的高校专项性投资，吸引更多优秀的教职员工加入教育队伍，吸引更多的高素质学生进入学校深造。只有这些硬件设施和软件条件得到提升，高校才能够可持续发展，才能形成良性循环，实现各利益相关者的多方共赢。

（二）有利于高校内外部各方面利益的制衡

高校和企业一样，各个利益相关者各司其职、各求其利。由于其岗位等限制，获得的信息数量和种类都是有限的，会存在某种程度的信息不对称性，从而导致内部控制中存在道德风险。道德风险是指高校的管理者直接掌握高校决策制定权，在制定或者执行这些政策时，为了最大程度地满足自己的单方利益，使得其他利益相关者的利益受到严重损害。为此，高校有必要规范管理者的行政环境和整个高校的监督管理环境，将各个利益相关者囊括到高校治理中来，通过各个利益相关者之间的制衡从根源上杜绝道德风险的产生，提高高校的治理效率和财务管理绩效。例如，从投资者角度来看，各个参与高校管理与运行的不同利益相关者，以各自的方式在相关方面对高校进行了一定的投资，故高校的发展势头是否良好、是否实现了其制定的战略目标，都会影响到投资者的后续投资意愿。投资者为了能够实现预期的投资收益目标，必然会积极地参与到高校治理中来，通过一定的方法对高校管理者的决策权和执行权进行有效的

干预，阻止其进行无效或者低效的资金投资，这在某种程度上有利于财务管理的绩效的提高。

此外，各利益相关者参与管理高校还有一个优势，即实现信息的有效共享。各个利益相关者处于不同的专业领域，且拥有不同的职业背景或信息资源，所以能够在高校管理中充分发挥各自的专业或者信息优势，在一定程度上降低管理成本。

三、从利益相关者角度设立绩效指标应遵循的原则

（一）弹性与系统性原则

在设立财务管理绩效评价指标体系时，应形成一个动态的综合性评价体系。与一般企业相似，高校在发展过程中也会历经不同的生命周期，在设立初期、成长期、稳定期等不同的发展周期，发展目标也会不断变化，因此财务绩效的评价指标也必须做出动态的变更，才能适应弹性的财务管理目标。弹性原则需要高校能够根据自身的实际情况对运用的绩效评价体系或者具体指标进行取舍与调整，只有符合自身实际情况的评价体系才能准确地对财务绩效做出评价，并对后续决策做出有效指导。可见，高校的财务管理绩效评价指标的设立会影响高校财务管理目标的实现，也会受到高校财务管理目标变更的影响，两者相互作用、彼此影响，在评价指标与高校财务管理目标相匹配的情况下，更能够促进高校发展的良性循环。在设立评价指标时，应该系统全面地考虑各个利益相关者的利益诉求，否则评价指标就会失去公允性，评级结果就会失去意义。

（二）财务与非财务指标相结合原则

在设立财务管理绩效评价指标体系时，一定要涉及财务指标的设立。例如需要用资金使用率来评价高校资金的无效使用情况，需要用科研资金的回报率来评价科研资金的使用效率，需要计算高校资金的流入、流出比率来考虑是否需要对资金的筹集或使用情况进行改善。仅仅通过财务相关指标还不能够对高校财务管理绩效进行充分的评价，要想对高校办学过程中进行的财务管理绩效进行科学的评价，在设定评价指标时，就不能过分地侧重财务指标，而忽视其他非财务性指标。目前，我国高校的办学环境存在较多不稳定性，加上国际高校的竞争，各高校更应该充分重视对内外部环境的判断，明确自身在竞争环境中的优势与劣势。因此，高校在评价财务管理绩效时，应充分考虑大学的报考比率、学术水平排名等指标，将财务与非财务指标充分结合，避免出现单纯的

财务指标评价可能导致的高校短期行为。

（三）只有合理的利益相关者诉求才能够转化为具体的评价指标原则

并不是利益相关者提出的所有利益诉求都应该被满足，尤其是随着利益相关者数量的增多，各个利益诉求之间必然会产生新的矛盾，此时要满足所有人的一切需求显然是不可行的。若是一味地偏袒某些利益相关者的诉求，不顾其合理性，则必然会损害其他利益相关者的利益，这就与我们的利益系统性原则相违背。通常高校在设立评价指标时，应该首先考虑对完成预期目标起到关键作用的因素，并需要对各个利益相关者在决策中的作用、地位及彼此之间的关系进行综合性的分析，以此来设定不同的利益相关者优先级。只有在全面了解利益相关者的利益诉求之后，才能够预测可能发生的风险及矛盾并剔除不合理的诉求，同时在事后对不合理的利益诉求进行评判教育，从内在激励利益相关者做出合理的利益诉求，以免对高校绩效评价产生误导。另外，在考虑利益相关者的诉求时，应考虑利益诉求的可衡量性，将评价指标与评价的具体管理流程进行较高程度的结合，使得利益相关者的利益诉求能够更好地在财务管理绩效的评价中得以反映，提高绩效评价的准确性和有效性。

综上所述，由于高校性质较为特殊，不具有内在的盈利动因，故在进行高校管理绩效评价时不能像企业一样默认形成一套系统的业绩评价体系。高校提供的是公共服务，所以各个利益相关者之间的利益权衡也较为复杂，除了要满足投资者的回报需求，更重要的是获得学生或社会对其教学质量的认可。在设立高校财务管理绩效评价体系时，从利益相关者角度出发，结合高校自身的特殊性质，全面系统地评价高校的运行结果，只有这样才能保证高校可持续高质量地发展。

第四章　高校财务管理绩效评价体系的具体应用

第一节　高校预算资金使用控制与绩效评价

随着高校资金管理内容的不断丰富，更加科学的预算资金管理成为高校财务管理的重要方式，对资金精细化管理的要求也越来越高，因此预算资金使用控制与资金使用绩效评价成为财务精细化管理的重要手段和主要管理目标。本节根据高校资金管理特征对预算资金使用控制及绩效评价进行探讨。

高校财务管理的核心问题就是高校办学的效益问题。目前，高校财务管理多以预算为基础。预算制是一种系统的管理方法，有助于高校优化配置有限的办学资源、提高资金的使用效率。在构建高校预算管理体系时，引入绩效评价机制，可以提高高校预算管理水平。高校年初根据各项业务需求及事业发展制订安排年度资金预算，基本坚持收支平衡、优先保障、量入为出等原则，预算以定额为基础，其实质表现为对全年业务运行所需保障性估计。而预算资金执行过程，财务主管部门往往缺少对二级预算部门资金使用上的监督与控制。也就是说，二级预算部门按各项目预算定额使用完成，其结果表现为预算资金执行情况良好。但资金使用的合理性得不到评估，即资金使用一般不予质疑，预算资金使用权、监管权全部下放给二级预算部门的负责人。高校财务主管部门对预算资金的执行间接地传递出认可或信任，这在严格意义上讲是高校财务管理部门在内部控制工作上的失位。长此下去，易造成直接的经济损失、资金对事业发展贡献率低下、滋生腐败现象等问题。为此，高校对预算资金的使用控制与绩效评价工作显得尤为重要。通过预算资金的使用控制与绩效评价可以有效提高项目预算经费执行的规范性、安全性及有效性。

一、预算资金使用控制

（一）部门预算额度控制

按有保有压的原则，对各部门申报的各项业务费预算额度设定的合理性进行科学论证，防止二级单位仅仅担忧资金使用缺口而随意增加额度的预算申报。

（二）部门办公经费使用控制

一般情况下，各高校都在预算中列出行政部门或二级学院的办公经费，或统筹估计设定或按人均数额设定。而这一部分预算资金通常用于办公用品杂项购买上，各部门使用情况基本趋同。例如，打印纸、墨盒、记录本、笔、档案袋（盒）、订书机、计算器等，年年趋同，各部门趋同。且不论其是否存在套现等问题，针对此情况，高校可采取相同、共性支出项目实行统一招标措施，指定由中标公司提供各种办公物品，高校按实际购领数量总额统一汇款，并在各部门该项预算资金中按实际划出。这样既便于资金用向控制也便于内外部审计，同时便于年终的资金使用绩效评价。

（三）办公设备的购置与维修控制

随着高校办公条件的不断改善，办公所需的设备更新日益加速；电子设备更新换代速度较快，个人对办公设备的高配置追求也随之不断增加。例如，办公电脑、打印机等电子产品的更新往往表现为个别功能的增加与提升，而使用单位却整机、整批地淘汰、新购，更有高校甚至将此种更新作为改善办学条件的政绩写入报告或总结。这种不适宜的更新在某种意义上讲其实是变相的浪费。针对此类现象，高校可招标合作伙伴单位。由招标选择的电子产品服务公司负责对全校范围内的电子办公设备进行适时维修提升，提高电脑运行速度、扩大内存等行为无须更换电脑，只需在原电脑上做功能上的更新提升即可，完全可以保障一般性的办公功能。对于特殊用途的电脑或不能维修的电脑，由该公司根据实际情况出具弃旧购新报告。这样可以改变以往下属部门提出更换申请，高校财力允许、论证无力即整批弃旧换新的现象。时下各高校电子阅览室、计算机中心、电算化实验室电脑的拥有量非常大，少则几百台，多则几千台，如不加以控制，资金浪费性投入将十分巨大。

（四）科研项目申报设备购置控制

科学研究是高校功能之一，科研项目的多少、科研项目层次水平、科研项目到位资金都是高校的关注点。而每个项目在申报时总经费中仪器、设备采购经费往往不是论证的着眼点，因为科研项目资金是向上级申请的。不同年份的科研项目或不同项目中却经常出现个别仪器、设备相同，时间一长、项目一多，仪器设备就会因科研项目的增加出现单一性过剩，相对形成科研经费的浪费。为此，高校在科研项目申报组织上应采取措施、注重论证，将已有的仪器设备作为平台配套支持，科学调整项目资金结构，减少重复性浪费。

（五）基建项目预算资金控制

近年来，各省对省直高校无论在科研平台建设、人才培养平台建设还是在基础设施修建上都给予了力所能及的资金扶持。而绝大多数的基础设施修建项目通常由高校申请项目预算资金、承建方（招标产生）实施完成。高校在项目规划设计上，努力做到科学、适用、有效，防止追求高端档次。在基本概算的基础上，由第三方合作伙伴单位（有资质的造价公司）进行项目造价，并在项目书上强调主要材料的标准标定，防止中标方使用低价低质的主材而造成项目质量下降，从而降低项目预算资金的目标效能。

二、预算资金使用绩效评价

（一）完善预算资金使用绩效评价体系

高校根据自身财务管理实际情况选择资金支出绩效评价方法，如平衡记分卡、层次分析法、模糊综合评价法、模糊积分评价法等绩效评价方法。成立由纪检、质量监控中心、教务、学工、后勤等多部门人员组成的绩效评价小组，也可由高校内部控制工作领导小组担负资金使用绩效评价工作。不仅对高校整体预算资金使用绩效进行评价，同时要对各个二级预算部门进行资金使用绩效评价，将评价结论作为下一年度的预算资金奖惩性调整的依据。切实增强二级预算部门资金管理意识与水平，真正提高资金使用效能，为高校各项事业的发展提供良好的资金保障支持。

（二）部分人员经费的使用绩效评价

①激励性资金的绩效评价。人才引进是高校师资队伍建设的一个重要方面，优越的激励条件是吸引人才、留住人才和激励人才的主要手段。例如，很多高

校只关注某一学历层次人员的"稀缺度",而按月发放的"××津贴"成为长期的激励政策,为此,这部分资金自然而然地进入了年度预算中。对于奖励机制要充分考虑其政策的合理对称性,更要注重管理学中的"海豚原理",做到及时奖励,而不是时时奖励。奖励的着眼点应是"做出了什么"而不是"可以做到什么",针对成果和结果进行及时奖励。例如,科技进步奖、突出贡献奖、重大发明奖、科技成果奖等,是可以考评的,有质级和量级的标准参照,而津贴类的激励资金缺乏结果或效果的依据,只是依托头衔或学位的期望,月月给予津贴发放,难以做出评价,易将激励变成福利。

②师资队伍建设性资金的绩效评价。师资队伍建设是高校永远的话题、永远的努力。访学、培训是提升教师素质能力的主要措施。用于此类业务的资金也就逻辑地永远的相对短缺,其使用效果评价也很重要。其实是针对出访(国内、国外)、交流、培训后的人员本身进行效果评价。例如,出访报告、汇报;培训结果汇报、学述报告;或以工作改革成效、产出产品等来反映效果评价。

③刚性支出与设备资产类资金绩效评价。高校一般刚性支出通常指水、电、暖支出费用,设备资产类通常指生产设备、实验设备等。水、电、暖等刚性支出费用的评价可以通过节能、节约来反向反映,而设备资产类支出可以通过设备的产出产能或使用率进行绩效评价。

④校园卫生绿化资金使用绩效评价。绝大多数高校的卫生绿化工作由本校后勤部门负责,每年度的卫生绿化费预算多采用定额的方式,而具体的各项支出很少论证或控制,最终的校园美化绿化效果也很少系统评价。对于高校绿化经费预算无论是本校后勤部门执行还是承包绿化公司执行,都应以每年年初的项目方案计划形式申报,便于论证各个项目支出的合理性,同时便于完成后的效果评价,项目申报中的目标结果即为评价依据。

第二节　高校财务预算绩效评价与激励机制

随着我国经济的飞速发展、教育改革的不断深入,社会对高校的关注度越来越高,对高校的要求也越来越高。作为关系到高校发展质量的财务预算管理得到普遍重视,很多高校也积极构建财务预算绩效评价与激励机制,确保财务预算管理充分发挥作用。由于各种因素的影响,在此过程中或多或少会遇到一些问题,所以高校必须不断探寻财务预算绩效评价与激励机制的创新途径。本节主要从绩效评价与激励机制的关系入手,简单探讨目前高校财务预算绩效评价与激励机制发展存在的问题，并结合实际情况提出合理的优化策略，希望为开展相关工作提供一定的借鉴。

一、激励机制与绩效评价的联系

高校开展绩效考核工作能够确保相关激励机制的合理科学，同时财务预算绩效评价的开展效果需要激励机制体现和完善，将两者进行有效的结合能够促进相关高校的进一步发展。

绩效评价一般指组织按照既定的标准采取合理的评价方法，并严格遵守评价流程对评价对象的工作业绩以及能力等进行定期或者不定期的考察评估。对高校的财务预算管理来说是对自身的办学成果和相关工作进行有效测评，便于高校管理者及时全面地了解其发展现状。相应的激励机制则对高校的发展既是投资也是成本，主要通过一定的奖惩措施充分激发员工的积极性与创造性，是保证相关工作高质量完成的重要手段。两者在高校的发展过程中联系紧密，激励工作的开展需要以绩效评价结果为依据，确保其公平客观，避免人为等因素造成失真和不公正现象。在开展绩效评价工作时，高校教职员工会因为避免惩罚、获取奖励而主动参与到日常工作中，保证其工作效率。管理层则制定更为有效的激励机制，充分发挥其管理职能，从而使相关高校的发展质量得到进一步提升，有利于其稳步健康发展。

二、高校财务预算绩效评价与激励机制发展存在的问题

（一）财务预算绩效评价与激励机制理念未深入人心

由于高校的特殊性以及传统思想的影响，其对财务预算绩效评价与激励机制相关工作的开展重视程度不够，甚至认为没有开展的必要。在实际工作中普遍存在"重核算、轻实施、轻评估、轻考核"的现象。高校资金的使用与配置缺乏科学性，相关工作效果无法及时反映出来，难以发现其中存在的问题，难以约束相关人员的行为，从而制约了高校的发展进步。此外，由于高校忽视相应的激励措施，教职员工的积极性和参与度不高，使相关工作的顺利开展受限。同时，由于高校的财务预算工作长期是财务部门负责，致使其他部门认为该工作与自身无关，其注意力主要集中在争取得到更多资金上。再加上相应的绩效评价与激励机制并没有深入人心，相关约束机制缺乏，高校职工参与度不高，经费利用效率无法保证，财务预算工作质量低下，严重影响了高校的健康发展。

（二）财务预算绩效评价与激励机制体系不健全

健全的财务预算绩效评价与激励机制体系是相关工作有序开展的重要保障，但是，目前很多高校在该方面的体系建设还存在缺陷。由于我国高校财务预算绩效管理起步较晚、发展还不成熟，在具体的绩效评价和激励机制体系的构建上研究不是很深入，评价标准不明确，考核结果反馈机制缺失，考核方式过于简单，使考核评价流于形式，无法发挥出应有的作用。而且，部分高校没有配备相应的激励约束机制，致使预算执行效果无法与负责人的责任挂钩，各业务部门不能积极参与其中，影响财务预算的质量，不利于高校的高质量发展。

（三）财务预算绩效评价与激励机制信息化程度低

信息技术的发展为高校财务预算相关工作带来了发展契机，但是很多高校并没有将其有效利用起来，相关的绩效评价与激励信息化程度较低。目前部分高校已经意识到先进的信息技术对其财务预算工作的积极作用，也逐渐建立了绩效评价、激励机制等相应的信息系统，但是各系统间缺少有效的衔接渠道，互相间的信息传递受阻，在制定激励机制时无法及时获取相关的绩效评价结果，致使激励措施与实际脱节，绩效评价结果也难以反映，从而阻碍了财务预算管理的高效开展。此外，高校不能定期对相关系统进行维护升级，使相关系统无法适应不断变化的发展要求，相关工作效率大打折扣。

三、高校财务预算绩效评价与激励机制优化策略

（一）积极转变观念，重视财务预算的绩效评价与激励机制

只有对高校财务预算绩效评价与激励机制有足够的重视，才能促使相关工作顺利开展，所以高校必须积极转变观念，意识到财务预算的绩效评价与激励机制的积极作用。在实际工作中，高校应该将相关理念融入日常工作中，营造出"重绩效、评绩效、比绩效、重激励"的氛围，可以通过定期举办相关知识宣传讲座、开展文化专栏等手段，拓宽高校教职员工了解有关内容的途径，帮助其认识到绩效评价与激励机制的重要性，认清自身在工作中的职责与位置，确保相关工作的顺利开展。同时，高校还可以成立专门的财务预算管理机构，负责绩效评价原则、范围、指标、办法以及相应的奖惩措施等内容的制定，并对预算绩效等工作进行实时监督管理，确保高校全体员工的有效参与，保证财务预算工作的质量，推动高校的健康发展。

（二）完善财务预算体系，将绩效评价和激励机制有效结合

完善的财务预算体系能够为相关的绩效评价与激励工作保驾护航，所以高校必须加以重视，从财务预算绩效评价入手，构建一套既能约束职工行为又能有效激励职工的体系。首先，高校应该明确考核标准，对其人才培养、社会服务、科学研究以及文化传承进行合理的绩效评价，在此过程中应该充分结合学校实际，保证考核数据的真实全面。例如，N大学在确定财务预算绩效评价指标时采用层次分析原理，并结合其财务预算状况将具体的评价指标划分为以财务预算为代表的目标层、由筹资、教学、科研、发展组成的准则层以及由其他财务指标构成的指标层，使高校的财务预算绩效以递进的形式反映出来，使相关的绩效评价工作的开展更加顺利，考核结果也更加全面、精准，保证了财务预算绩效评价的质量。其次，应该完善反馈机制，及时整理、分析以及反馈评价结果，将评价中发现的问题反映给被评价的部门，便于其采取相应的改进措施，保证工作质量。最后，应该根据绩效评价结果制定科学的激励机制，将绩效评价的结果与职工的人事调动、奖金发放等切身利益挂钩，不仅能激发职工的积极性，促使其主动参与其中，还能有效提高其工作效率，使高校的财务预算执行更加有效，有利于高校的发展进步。

（三）构建信息交流平台，确保工作质量

财务预算绩效评价与激励工作的质量与其信息化建设联系紧密，所以高校必须将先进的信息技术应用到日常工作中，构建高效的信息交流平台。一方面，高校不仅要建设各个信息系统，还应该利用大数据等先进的技术将各系统进行有效对接，确保绩效评价结果与激励机制间信息的顺利传递，为相关决策提供准确全面的数据支持，保证其合理性和客观性，使财务预算工作水平进一步提高。另一方面，高校应该定期对有关信息系统进行维护升级，确保其有效性。可以聘请专业的技术人员检查系统中存在的漏洞，并结合实际情况进行处理，保证系统安全性，从而保障高校财务预算工作的顺利开展，推动高校的持续发展。

总之，高校财务预算绩效评价与激励机制的建立、完善是一项长期复杂的工作，有关高校必须足够重视，积极投身到具体工作中，及时发现其中的问题，并采取相应的改进措施。在实际工作中高校应该积极转变观念，重视财务预算的绩效评价与激励机制；完善财务预算体系，将绩效评价和激励机制有效结合；构建信息交流平台，确保工作质量，从而推动高校的健康发展。

第三节 高校预算支出绩效评价体系研究

高校财务预算是控制学校日常收入和支出的一个重要依据，是高校办学规模和发展的衡量依据，是高校财务管理的核心部分。本节以高校预算理论为基础，结合我国高校预算支出绩效评价体系存在的问题，探索适合我国国情的绩效评价方法，以加强高校预算管理、提高资金使用效率。

一、我国高校预算管理存在的问题

（一）预算内容不完整，管理未能发挥作用

我国高校资金的来源呈现多样化趋势，其下属的各院和其相关的下属部门通过各种渠道获得的收入以及与之相关的支出往往没有及时纳入高校的相关预算中，从而使得预算脱离了相应的监督管理，进而导致高校的收入与支出没有一致的筹划与控制，无法真实客观地反映整体财务状况，造成了预算的不全面性。

（二）预算管理意识不明确，执行控制不力

近年来，我国很多高校在依据财经法规相关内容的基础上结合自身的实际情况制定了一系列加强其预算管理的规章制度，但是从目前执行的情况来看，高校在预算执行中存在随意办理重大支出、随意开口子、批条子、私自扩大开支范围、混淆开支渠道等现象，"内松外紧""局部反映"的使用方法依然存在，缺乏将预算责任落实到位以及科学理财的意识和责任，普遍存在着重视资金拨付数量、频繁追加预算、预算执行不力、缺少规范程序等问题，致使预算刚性不足、约束力不强、预算执行过程不严格。深究其中的原因，主要是高校的高管和相关的职能部门对年度工作的预见性不足，预算意识比较淡薄，不是很清楚预算的重要性。

（三）预算编制主体过于单一，资金的长期规划意识不足

高校财务管理按照"统一领导，集中管理"的模式运行，财务部门主要负责预算编制工作，依据上一年度的会计数据、遵循一定的预算方法确定年度预算。表面是根据上级确定的预算额度来编制预算报表，实际是依据高校各职能部门的情况进行增减变动，因此就会出现预算的具体执行与财务核算有差异的情况，造成对内预算与对外预算、会计核算与财务预算的"两张皮"的假象，

削弱了预算管理的重要作用。

（四）预算缺乏科学的绩效考评体系

高校预算管理体系中一个重要的环节就是预算绩效考评工作，通过考评各职能部门的预算执行结果，有利于提高各项资金的使用效率，优化资源配置。而就目前来看，现行的高校预算管理缺乏合理有效的绩效考评体系，相关资金的使用也欠缺必要的考核、监督和评价，普遍只重视收入来源而忽视资金支出。我国的高校预算管理工作仍然只关注制定政策以及执行政策，极少高校对预算进行绩效考评，即使有相应的绩效考评体系也是形式上的考评，不是实际上的考评。同时，对开支比较合理、节约经费的相关部门没有进行奖励，对一些超支部门也没有实施相应的惩罚，导致职工缺乏预算管理的积极性，预算绩效考核没有达到应有的效果。

（五）高校预算执行不能从实际出发，只考虑形式而不计效益

目前，我国的大部分高校在进行预算管理时都存在着"重总数、轻细目"的现象，编制的预算过于简单，并未进行全面的考虑与测算。另外，高校预算缺乏相对合理的定额标准体系，导致出现不合理地分配经费预算的现象、出现支出费用并没有对应科目匹配的情况，从而不能依据编制的具体的预算科目列支，使得资金的使用超出计划范围。

（六）预算过程的公开性、公正性以及民主性不足

一般而言，参与预算编制的只是一些与财务有关的工作人员，缺少专业的研究人员对高校发展和预算的关联性进行深入分析，特别是预算的编制和调整缺少来自基层的群众基础。由于相关的业务人员并不参与预算的编制，而编制预算的人对复杂的业务活动以及相关的变化情况了解不足，使得相关的研究缺乏准确性和关联性，导致支出的效益大大降低。

二、高校预算支出绩效评价体系

（一）我国高校预算支出绩效评价体系存在的问题

我国的高校财务绩效评价工作刚刚起步，关于财务绩效评价的激励和约束机制并没有建立健全，高等教育的投入、财政性资金和非税收入资金的使用效率缺少一套科学合理的考核、监督和评价体系，财务绩效考评体系没有能够跟上高等教育改革和财政体制改革的步伐。相关问题具体如下所述。

1. 对评价体系的认识存在误区

到目前为止,我国关于高校预算支出绩效的考评还停留在以规模评价目标水平上。一直以来,我国高校的预算部门都秉持着"重投入、轻产出""重教研、轻管理""重使用、轻跟踪""重分配、轻监督"的资金管理理念,从而造成相关的绩效管理和评价缺失的严重后果。

2. 评价体系缺乏有力的法律支撑

目前在我国的制度环境和法制建设中,支撑高校预算支出绩效评价体系的内容近乎空白。预算支出绩效评价指标体系的应用缺乏法律和制度保障,具体实施绩效评价的政策、制度、办法和组织、协调措施尚处于探索阶段,相应的报告制度和评价结果监督制度等还未形成,高等教育约束和激励机制缺失等,以上各方面阻碍了绩效评价指标体系的实施,成为绩效评价指标体系深入开展的绊脚石,影响了绩效评价指标体系整体成效的发挥。

3. 评价体系缺乏完整的监督机制

作为现代监督的主流,绩效监督是财务绩效评价体系的重要机制。强制性的责任约束机制的缺位是目前高校绩效监督普遍存在的缺陷。因此,当前高校中存在的高等教育资金错位、专利权、著作权、声誉等无形资产流失以及教育资源浪费和利用率低等现象,根源在于责任机制中监督机制的缺位。

(二)建立高效的预算支出绩效评价体系的建议

1. 以点到面,从局部到整体

高校的预算支出绩效评价的实施,应先从个别省市的高校开始,或从高校内部的某一部门开始,以减少实施阻力。先以高校内部的某一部门为实施试点,在结合其功能和特点的基础上科学客观地分析该部门在高校财务预算中存在的问题,研究部门预算的改革和完善的方法,并尝试探索预算支出绩效评价实施的可行性以及具体的措施、步骤等。通过不断探索、不断总结经验并加以修正,为高校预算整体逐步向绩效评价发展创造条件。一旦试点改革取得成功,便制订相应的高校整体绩效评价的具体步骤和措施,等到内外部条件成熟时推行、实施。

2. 指标设置应具有普遍性,以具体使用为主

到目前为止,无论是国内还是国外,无论是相关财政部门还是学术研究

者，对高校预算绩效评价指标都有一定的研究，对于绩效指标的设置也各有各的观点。笔者认为指标的具体设置应以各高校的自身预算情况为主，由高校自行设置，但大体框架还是财政部门下达的指标框架，即相关财政部门在设置绩效指标时不需要具体到每一个低级指标，只需考虑每个总的指标、规定大方向即可。

3. 建立健全责任制、奖惩制，保证绩效评价的有效实施

健全的责任制、奖惩制是高校及其内部各办学单位积极执行预算绩效的有力支撑。尽管责任制的定义已经明确，但高校资源的极大浪费、办学绩效低下的实际情况并没有被真正追究，从而导致责任者有恃无恐。因而为了有效推行绩效预算评价体系，除了在高校及高校内部树立投入产出、成本效益观念，还需要进一步建立健全责任制和严格的奖惩制，奖惩分明、责任落实到位，从而使各级单位和个人都能够真正地、切实地为高校资源的有效利用负责。

4. 注重绩效评价的反馈，使绩效评价的结果能够发挥作用

在现今高校预算支出绩效评价逐渐得到重视的情况下，从以往绩效评价执行的情况可以看出，预算绩效评价虽有实施，但其评价结果好似只是摆饰，并未得到有效的使用。因此，为了使绩效评价起到应有的作用，相关财政部门应该及时地将各高校预算的绩效评价结果形成评价报告反馈给各高校，并督促高校仔细研读报告，从中找出自身财务预算中存在的不足之处，加以改正。最后各高校还应将已改正的地方总结成报告，和原评价报告一起反馈给相关财政部门，一方面可以检验高校是否认真地研究了评价报告，另一方面可以作为存档，以备下一周期的调查、比较。

5. 重视高校内部预算改革，高于重视财政拨出改革

由于高校是高校预算支出绩效评价的主体，所以对于推行绩效评价而言，财政拨出体制只是一种外部的大环境，绩效评价的重点应是高校内部的预算体制，应进一步深化其管理体制的改革，完善高校财务的治理结构，建立相应的绩效管理机构，配备必要的人员，为预算支出绩效评价的实施创造有利的内部条件。

高校作为一种拥有公共资金的非营利组织，在市场经济中需要使用市场资源实现自身公共服务的目的。因此，在这种情况下加强对高校预算支出的绩效评价、构建科学合理的高校预算支出绩效评价体系成了提高高校资源配置效率的必要工作，高校预算支出绩效评价体系是市场经济条件下高校合理配置资源

的客观需要，是强化增收节支效果、杜绝浪费、提高财务管理水平、推动高校各项事业可持续发展的必要条件。

第四节 高校绩效评级与财务管理的关系

我国在高等教育财务支出绩效评价工作方面还存在着很多问题，本节尝试对这些问题进行分析，重新构造一个以遵循财务原则为基础的高校财务绩效评价指标体系，以保证可以更加系统、准确地评价高校的业绩和运行效率，最终实现高校事业全面发展的目的。

一、构建以绩效评级为标准的高校财务管理模式的原因

（一）绩效评级可以很好地维护高校的财务绩效考核体系

高校的非营利性特点决定了高校工作具有一定的特殊性，并且其绩效考核一般是以培养人才和为社会做贡献为标准，所以无法量化。当前学校管理部门所开展的一些教学水平评估普遍局限于教学的设备仪器、图书、学科建设、招生就业等指标的投入，忽略了对高校财务管理的考核，所以需要构建一个以绩效评级为基准的财务管理模式，以求建立绩效考核体系来帮助高校的各部门形成财务管理绩效意识。

（二）建立以"绩效"为核心的预算模式，可以更好地完善预算管理体系

高校的财务预算普遍局限于经费使用方面，并没有全面预算的概念，所以预算可行性较低，从而很难反映出哪些是高校准备重点发展和支持的领域，并且在预算执行的过程中经常出现部分领导为了某种利益而对预算进行改动、存在乱批条子的情况，这也是导致预算失控的最主要原因，所以高校的全面预算在执行过程中困难重重，预算执行刚性不强，力度不够。只有健全预算考评制度，才能做到合理的预算编制、强而有力的预算执行，让资金的使用最优化。

二、如何通过绩效评级促进高校的财务管理工作的进行

（一）要让高校领导充分认识到绩效评级对于财务管理的重要性

高校财务管理绩效的评价直接受到高校领导对财务管理的绩效评级认识程

度的影响，所以作为高校领导应高度重视绩效考评工作，将绩效考评视为高校发展的"生命线"，应当时刻保持思想观念的先进性，把高校的财务管理与高校的科研发展放在同一平台，然后以绩效评级为标准，努力实现高校财务管理绩效的最大化，清楚地认识到高校教学基础设施的投入、高校科研经费额度支出、高校的综合竞争力的培养都是围绕财务管理工作进行的。

（二）梳理绩效评级和责任意识

高校财务管理，最基本的任务就是实现资金的依法筹集和高效使用，并且要让资金的安全得到保障，为公众提供相关的财务信息以求得到公众的监督。针对这一需求，可以在高校的实际经济活动中对各个目标项目进行统一的领导、分级的管理，促使相关部门形成开源节流的意识，明确各个部门的经济责任，从而保证资金的使用效益可以得到最大程度的保障，让各个部门履行自己的责任，最终实现高校财务支出的成本和绩效的管理。

（三）围绕绩效评级构建全面预算管理体系

全面预算管理可以对资源配置和风险管理进行很好的控制，其在高校的内部控制中起到非常重要的作用。对全面预算的合理应用，有利于实现战略目标与经营绩效。通过对项目进行详细的分解，针对全面预算制定严格的预算结果，在制定预算的时候应当严格遵守量入为出、收支平衡的标准，然后在各个项目和各个环节对预算内容进行深化，从而让预算的事前控制作用得到充分的发挥，确保实际的业务活动的资金使用量与预算资金额度相吻合。

（四）根据时代发展构建一个适应现代化的财务管理信息系统

信息化时代的快速发展加速了高校财务管理的信息化进程，高校也越来越注重管理的集成和综合控制。尝试再造高校财务管理业务流程，实现高校财务全方位、多角度的管理，实现高校财务和业务的集成控制，让高校的财务管理实现充分共享、业务和财务的自动流转、协同处理远程传输等，全程监督高校财务管理中的预算、决算。

（五）提高个人素质水平及管理水平以实现财务管理绩效评级

由于时代的发展，高校财务管理的内容正在不断发生变化，迫使相关的业务流程也在不断改变，管理难度也在不断加大，所以需要加强财务管理队伍的培养和建设，以保证高校可以在新的形势下继续顺利运行。对于高校的财务管理人员的专业知识和专业技能的培训应当加强，安排会计人员学习新的会计知识,加强诸如部门预算、政府集中采购制度、国库集中支付制度等财政体制改革方面的知识培训。

（六）完善高校财务报告体系,凸显绩效评级

高校的财务报告体系,可以综合反映高校的发展和财务状况。由概况、会计报表和补充信息三个支撑部分构成的高校财务报告有助于高校绩效评价的确定,可以帮助高校合理地分配资源并且进行绩效评价,从而帮助高校财务构建一个健全的财务资产管理制度、报告制度、审批制度以及绩效考核制度等。通过对各个环节的控制实现预算支出绩效考核的控制,让收入和支出与绩效考核直接联系,最终实现高校财务的规范化、绩效化和透明化。

高校整体事业发展和资金使用状况良好,绩效考评工作方向正确、进展有序,以及高校党政、各级领导对绩效考评工作的重视,促使高校在整体绩效和相关项目效果上取得较好成绩。财政部对高校的绩效管理工作提出"五个强化一个严格":强化绩效管理理念,强化预算编制,强化预算执行进度,强化项目资金管理,强化会计核算;严格执行财务制度。只有这样,才能进一步提高高校管理水平,把高校发展提升到新的高度。

第五节 公立高校国有资产管理绩效评价

在科教兴国战略方针的指导下,各大公立高校的教学环境、教学设施都有了进一步改善。国有资产数量和规模日益增长的同时,给各大高校国有资产管理绩效评价工作带来了不小的难度。为了进一步完善该项工作,本节以高校国有资产绩效评价的必要性为切入点,分析了现阶段各大公立高校国有资产管理存在的问题,并针对性地讨论了高校国有资产管理绩效评价体系构建的原则。

从我国高等教育事业发展的"大数据"看,在国家政策的扶持下,公立高校教学资产的规模和数量有了明显的提升。这一改变进一步推动了我国高等教育事业的发展,同时给高校国有资产管理工作带来了一定的压力。现阶段,各大高校国有资产管理都存在或多或少的问题,集中表现为使用率不足、监管不到位、缺乏有效的资源配置等。为了尽快解决上述问题,应建立和完善高校国有资产管理绩效考评体系,高校需要结合自身实际做好相关工作。

第四章　高校财务管理绩效评价体系的具体应用

一、公立高校国有资产管理绩效评价的必要性

在国家经济转型升级的推动下，市场对创新型人才的需求呈井喷态势，高校作为人才培养基地，国家对其投入了大量的资金，用于改建教学楼、购置相关设备，为学生创造良好的学习生活环境。作为校方，有必要建立国有资产管理绩效评价机制，这不仅是国家相关规定的要求，也是高校自身发展的内在要求。具体的原因可以从以下三方面展开分析：一是为了保障国家对高校投入的资金用到实处。在市场环境下经济利益的诱惑客观存在，建立绩效评价是国家对高校国有资产宏观控制的手段，是有效的防腐制度之一。二是为了提高国有资产的利用率。现阶段各大高校之间的竞争逐渐演变为硬件设施的实力比拼，以实验室为例，高校实验室设施与数量是其招收相关专业学生的招牌，但在实际教学中，部分高校实验室对学生开放的时间少之又少。三是为了促进高校自身的长期发展。在高校管理中，尤其是公立高校中国有资产管理的重要性尤为突出，相关工作的不到位不仅会影响正常的教学，还会影响高校的日常工作。

二、公立高校国有资产管理绩效评价存在的问题

（一）课堂教学资产在使用和维护环节缺乏有效的监督

随着数字化技术在教学领域应用的深入，近几年国家投入大量的资金用于各高校建立多媒体教室。现阶段，我国已基本实现数字化教育，并取得了不错的效果。但由其引发的国有资产管理问题也十分突出，集中表现在缺乏监管上。首先，多媒体教学设备在使用过程中，很少有学校会要求教师或学生在使用时登记，这就导致设备出现问题时没有办法问责，修理支出也会增多。其次，在设备维护方面，对教室内的国有资产，大部分高校都是寒暑假集中维护，在日常教学中定期维护的高校很少，导致教师在上课时多媒体设备时常会出现一些问题，这会影响课堂教学的质量。

（二）实验教学的资产使用率明显不高

近几年，全国各大高校越来越注重创建学科实验室，一方面是为了给学生创造"理论与实际结合"的学习环境，另一方面则是为了增强高校硬性教学设施的实力，获得好的生源，促进高校的长远发展。但是，基于高校国有资产管理存在的不足，实验教学资产的使用率较低。其一，部分高校在购置实验设备、创建实验室时，未充分考虑该学科的师资力量与学生比例，往往因师资不足导致实验室资产的价值不能充分发挥。其二，高校实验室的开放程度不高。现阶

段高校多数实验室需要教师带领学生使用,但由于课时有限,理论课占比较大,从而导致学生走进实验室的机会较少。

(三)高校国有资产管理机制缺乏整体配置

目前,很多"双一流"高校过于注重发展其重点专业,而忽视了其他专业教学设施的配备。一些高校将大量的国有资金投入到重点专业的建设中,不仅会为其购置高额的实验设备,还会为其提供一定的科研经费,导致的直接后果是该校其他专业的发展受到限制。毫无疑问,该种资产管理模式局限了国有资产的配置。因此,高校相关人员应该综合考虑各个专业的发展,可以重点发展某一个专业,但不能因为过于偏向某一专业影响其他专业的发展,这对学生而言是不公平的,这样的国有资产管理也是不科学的。

(四)相关人员国有资产管理概念不足

在高校,国有资产管理流于形式的现象并不少见,相关人员的概念不足直接导致了国有资产使用效率低、损坏率高。通过长时间的观察不难发现,高校相关人员对国有资产的维护以"价格"为界定存在明显的差异,以高端的实验设备和教室内的多媒体设备为例,高校投入了大量的人力、物力、财力维护实验设备,对教室内的多媒体通常只是寒暑假集中维护,平时学生报修才会安排相关的技术人员维护。诚然,实验设备价格不菲,高校进行动态地监督维护无可厚非。但是,就国有资产管理而言,两者之间的差距应控制在一定范围内,高校相关人员需要明确国有资产管理的概念,按照一定的原则对高校国有资产进行有效的管理。

三、公立高校国有资产管理绩效评价建立的原则

(一)激励性原则

突出这一点,主要原因是高校国有资产管理中监管不到位的现象严重,而目前高校内部以"惩戒为主,激励为辅"的国有资产管理手段显然在监管不到位的情况下难以实施。因此,在建立与完善绩效评价体系时应以"激励性"原则为主。在某种意义上,一定的激励机制可以让更多的人参与国有资产管理,有利于高校实现动态监管。

(二)科学性原则

在高等教育事业的发展中,公立高校扮演着重要的角色。在建立与完善高

校国有资产管理绩效评价机制时应该遵循科学性原则，重中之重是排除个人因素的影响。对各高校而言，首先，需要严格审核参与建立与完善绩效评价相关人员的信息；其次，可以适当邀请有关的研究人员参入实际的工作，结合高校内部国有资产的规模、数量以及当前的管理状况，综合考虑研究人员的意见，明确相关的概念，尽可能完善国有资产绩效评价体系。

（三）整体性原则

从全局的角度出发，高校国有资产管理绩效评价应该具备整体性。在高校国有资产规模越来越大的趋势下，产权不清、监管缺乏等管理问题会逐渐被放大。在这种情况下，高校的相关人员建立、完善国有资产绩效评价体制更应该以"整体性"为原则，准确区分经营性国有资产与非经营性国有资产，明确国有资产的数量，综合考虑当前国有资产管理存在的问题。基于此，在"整体性"原则的指导下，高校国有资产管理绩效评价体系更能满足高校的长远发展需求。

（四）可操作性原则

高校国有资产管理绩效评价体系的建立应以可操作性为原则，具体的要求为：将"指标可量化，评价可操作"视为目标，明确相关细则的具体含义。以可操作性为原则的原因主要有两个：第一，国有资产管理与其绩效评价之间有密切的关系，在一定程度上两者是相辅相成的，在高校相关人员国有资产管理概念不足的情况下，通过加大国有资产管理绩效评价的可操作性，可以在一定程度上弥补这方面的不足；第二，可操作性是使国有资产管理绩效发挥作用的基础，可以说，一个没有可操作性的绩效评价体系是没有任何意义的。

高校国有资产管理工作是连续而又复杂的，不仅涉及集中核算、监督、审计等问题，还关系到财政、国资的使用。只有在多方的努力下，国有资产管理工作才会进一步完善。尽管当前高校国有资产管理已然存在问题，其绩效评价体系也不是非常成熟，但经过相关人员的思考与研究，国有资产管理会在后期的实践中逐步完善。

第六节　高校固定资产管理绩效评价

加强资产管理，保证国有资产的安全与完整，是高校财务管理的一项重要任务。本节从高校固定资产管理绩效评价的必要性、构建原则、具体指标体系等方面展开探讨，构建一套操作性较强的固定资产管理绩效评价体系，包括三类八项定量指标和三类八项定性指标。

高校固定资产绩效评价是管理者依照预先确定的标准或指标以及规范的评价程序，运用科学的评价方法，按照评价的内容和标准对评价客体进行定期和不定期的考核和评价，并对组织的整体运营效果做出的概括性评价。概括性的评价必须具备系统性、战略性等要素，注重对各指标之间相互关系及其权重的确定，并采取客观、公正、科学、规范、全面的评价方法，准确、客观地将信息反馈给管理层，供其在管理和决策过程中使用。

一、高校固定资产管理绩效评价的必要性

（一）提高高校管理水平的内在要求

高校固定资产的管理是一个系统工程，固定资产的价值高、使用周期长、存放地点分散、管理难度较大，如何做到资源的科学合理配置和节约有效的运行维护是重中之重。高校固定资产管理的绩效评价是对高校固定资产的运营效果、运行状况等做出一个系统测评，以便获取固定资产综合运作的成绩和效果，目的是完善固定资产管理的各项规章制度，实施产权管理，明晰产权关系，以保障国有资产的保值和增值，推动资产的合理配置和高效利用，充分发挥其在办学效益中的重要作用。

（二）有助于核算高校人才培养成本及对高校的综合评估

随着市场经济的逐步完善，高校人才培养成本逐渐被提上议事日程。高校固定资产绩效评价体系的建立不仅有助于强化对国有资产的管理，还有助于对高校人才培养成本的核算以及对高校的综合考核与评估。高校固定资产绩效评价体系既要符合高校整体的办学方向，也应兼顾不同领域的专业特点，更应符合社会经济发展对高校的客观要求。在新形势下，运用绩效评价加快高校改革和发展的步伐，注重投入和产出、成本和效益，不断探索适合高校自身发展的管理途径，有助于促进高校固定资产管理进入规格化、成熟化和科学化的新领域。

（三）有助于完善固定资产管理的约束和激励机制

目前，大多数高校对固定资产没有进行成本核算，也未对现有资产进行效益评估，导致固定资产综合使用率较低，造成许多项目重复建设和资源的闲置浪费现象。高校在政策制定、财政资金拨款等方面可以综合考虑各院系的固定资产绩效考评结果，对其进行相应倾斜，利用奖励先进、鞭策后进的手段，督

促高校重视固定资产管理,实现其对高校的约束和激励功能。

二、高校固定资产管理绩效评价的内容

高校管理者对固定资产管理绩效评价进行分析,目的是考察高校整体发展是否处于良性循环,校内资产是否已经实现资源的优化配置和合理使用。高校固定资产管理绩效评价的内容如下所述。

(一)资产效果

固定资产效果主要是指人才培养的效果、教育科研成果及教育产业产出的数量和质量等,反映了高校服务社会和获取收益的能力。狭义的收益实际上也就是获取经费,广义的收益则包括社会捐赠、校友捐助、无形资产价值等各类收益。评价高校固定资产效果可以从高校通过政府获取拨款和自筹经费的活动能力来考察,可以从高校通过科研和技术开发、继续教育、委培教育、成人教育等手段获取经费的能力来考察,可以从高校兴办校办产业获取经费补充的能力来考察。

(二)体制规范

高校固定资产管理不但需要硬件条件,还需要如管理机制、制度建设、人文环境等软件支持。高校固定资产的监督激励机制和权力制约机制的缺失、国有资产管理重视程度不足、内部管理组织不健全成为影响高校固定资产绩效的制度性因素。对高校固定资产进行科学规范的绩效评价,首先要从思想上重视国有资产的管理,体制上建立必要的管理机构,强化内部管理水平的提升,健全高效的管理团队。对高校固定资产绩效评价进行分析,要从高校管理者、资产使用者等组成人员方面考察思想上的重视程度,从制度建设、组织机构等方面考察体制机制的建立情况,从日常管理、操作流程等方面考察管理团队,从使用状况、运行状态等方面考察资产使用效率。

(三)影响评价

高校固定资产的公共属性决定了对其进行绩效评估必须考虑它在社会上的认同程度以及一定的社会影响。在对高校固定资产进行绩效评价时,可以参考同行认可度、学术声誉、外界吸引力等方面。同行认可度高,则说明高校固定资产管理在同类高校中属于领先水平,并被其他高校所认同和借鉴,反之,则处于落后的位置。学术声誉高,则说明高校固定资产在科学研究、人才培养等方面充分发挥了作用,为社会经济发展做出了突出的贡献,资产的利用效率高,

赢得了良好的社会声誉，反之，则利用率不高。外界吸引力大，则说明高校科学规范的管理被社会、企业等组织所认可，树立了一定的品牌效应，反之，则品牌效应差。

三、高校固定资产绩效评价体系的构建原则

高校固定资产绩效评价是提高其资产使用效率、提升其人才培养和科学研究能力的重要途径。由于高校固定资产绩效评价的内容涉及众多方面，为确保绩效评价指标的科学性、合理性和系统性，应在资产绩效评价中坚持以下原则。

（一）定量指标和定性指标相结合原则

高校类型多种多样，固定资产的形态更是千差万别，这从某种程度上降低了资产的可比性。因此，在设计固定资产绩效评价指标时应遵循以下原则：以考核资产价值指标为主，同时辅助考核资产的实物状况等非价值指标。在进行评价指标设计时，既要对定量指标进行设计，也要顾及定性指标的考量。可量化的指标，需要用现有工具按照规定的内容进行测量；不可量化的指标，需要用定性的描述进行数据获取。如果定性的描述没有可测性，可以用可测的间接指标进行测量。

（二）可操作性原则

在构建固定资产绩效评价指标时，要充分考虑绩效指标是否具有可测性和可行性。可操作性指标要求指标数据可以通过高校近几年的财务报表和会计核算获得。如果在绩效评价中获取不到充足的信息或是获取途径不方便，无论该指标设计得如何好，也没有操作下去的必要了。

（三）共性和特性相统一原则

高校固定资产的绩效评价目标是提高高校固定资产的使用效益，推进高校的人才培养和科学研究。围绕这一目标，在设计绩效评价指标时，要兼顾高校之间、院系之间的共同特征和类型的特殊性。在对不同高校或院系的资产绩效状况进行评价分析时，要考虑高校固定资产的共性，建立统一标准的共性指标是必不可少的。同时，不同高校和院系的固定资产的特性又十分复杂多样，应充分考虑这个特点，设计能够反映某一类高校或院系及某一类专项资产绩效状况的特性指标。

四、高校固定资产管理绩效评价体系的构建

构建科学、合理的固定资产管理绩效评价指标体系，不仅要遵循绩效评价的一般原则，借鉴国内外先进的研究成果，还要结合本地区高校的特征和管理模式，构建符合办学实际、作用明显的指标体系。

（一）定量指标（70分）

1. 资产结构（30分）

高校固定资产按照用途可以分为教学用、行政用两大类。一般来讲，房屋建筑的价值比重很大，行政用资产比率偏高，但是高校作为教学、科研的重要场所，教学资产、科研资产应是逐年增加的，这样才能保证高校教学、科研活动的正常进行。

（1）固定资产占全部资产比率（10分）

固定资产占全部资产比率 = 固定资产总额 / 资产总额

（2）教学用资产占固定资产比率（10分）

教学用资产占固定资产比率 = 教学资产总额 / 固定资产总额

（3）行政用资产占固定资产比率（10分）

行政用资产占固定资产比率 = 行政资产总额 / 固定资产总额

2. 资产运行（30分）

固定资产年增长率是保证高校持续发展能力、反映高校发展后劲以及在发展过程中的资产保障程度的重要指标。资金规模较大的高校，如果资产的年增长率高，说明教学、科研的硬件条件有较大的改善，但不能一味追求固定资产的增长率，而应该保证固定资产投入和其他日常经费支出的良性配比。如果因为当年的固定资产的高投入而挤占了高校正常的日常经费支出，将对高校的正常运行造成相应的不良影响。

生均教学仪器设备值反映的是高校每个学生占有资源的状况，它不仅是固定资产运行绩效的主要指标，而且关系到高校的教学评估质量。教师人均科研设备值反映的是高校每位教师占有资源的状况，它是固定资产运行绩效的重要指标，也是高校教师科研条件的重要体现。

（1）固定资产年增长率（10分）

固定资产年增长率 =（本年固定资产总额 - 上年固定资产总额）/ 上年固定资产总额

（2）生均教学仪器设备值（10分）

生均教学仪器设备值＝教学仪器设备值/年平均学生人数

计分标准设为：7 000～8 000得10分，6 000～7 000得8分，5 000～6 000得6分，4 000～5 000得4分，3 000～4 000得2分，小于3 000得0分。

（3）教师人均科研设备值（10分）

教师人均科研设备值＝科研设备值/年平均教师人数

3. 资产使用（10分）

高校固定资产使用率是反映高校固定资产使用效果的重要指标，该指标能反映高校是否较好地完成了基本任务。如果高校的固定资产使用率高，则说明固定资产在高校人才培养和科学研究中发挥了较好的基础作用；反之，说明固定资产在高校发展中发挥的作用不大，人才培养和科学研究的目标实现欠佳。此外，高校普遍存在闲置或待报废设备挂在固定资产账面上的情况，这就造成了固定资产总值虚高的情况时有发生；还有一些高校在未充分利用现有固定资产的情况下，花费大量经费购置新的仪器设备来补偿教学科研使用，这是对国有资产的极大浪费，且不利于财务管理。

为了维持高校的正常教学科研活动，进行适当的资产更新换代是必要的。资产的更新换代应本着节约、有效的原则，既要保证高校任务的顺利完成，又要节约使用高校的办学经费。资产更新率能有效反映高校现有固定资产的更新频率，也可以反映固定资产在一定时期更新的规模和速度，对指导高校下一阶段固定资产的投入具有重大意义。

（1）仪器设备使用率（5分）

仪器设备使用率＝在用的仪器设备数/仪器设备总数

（2）设备更新率（5分）

设备更新率＝近三年新增的固定资产总值/初期固定资产总值

（二）定性指标（30分）

1. 资产管理（10分）

高校固定资产在高校发展的每一个阶段都发挥着重要作用，是高校最基本的物质保证，是一切工作得以顺利开展的前提条件。因此，高校管理应当以固定资产管理为基石，不断提高固定资产管理的水平，进而推动高校整体管理水平的提升，确保固定资产的安全与完整，提高资产利用率和使用效益。为了加强固定资产管理，可以从管理观念（2.5分）、管理制度（2.5分）、管理手段（2.5

分）、管理队伍（2.5分）等方面进行考核。

管理观念主要是指校级领导对国有资产管理工作的重视程度，重视得2.5分，一般得1.5分，不重视得0分。管理制度主要是指高校是否已建立健全科学的固定资产管理制度，是否在管理工作中运用约束和激励机制，且机制是否已发挥显著的作用。制度完善得2.5分，一般得1.5分，形同虚设得0分。管理手段主要是指是否运用专用管理软件进行固定资产系统管理，以提高管理水平，其中已使用得2.5分，未使用得0分。管理队伍主要是指固定资产管理队伍专业知识结构、年龄梯次是否合理，管理是否科学有效，先进得2.5分，合理得1.5分，不合理得0分。

2. 资产共享（10分）

固定资产的共享程度反映了高校之间或部门之间共用固定资产的情况，该指标的考核能最大限度地促进高校之间的资源共享，避免重复配置造成的浪费，有利于改变资产使用的"大而全""小而全"的局面。为了加强固定资产的共享程度，可以从高校间固定资产共享程度（5分）和院系间固定资产共享程度（5分）两个方面来考核。

高校间固定资产共享程度主要是指不同高校之间固定资产的共享情况，共享频率高得3分，一般得1分，从未共享过得0分。院系间固定资产共享程度主要是指不同院系之间固定资产的共享情况，共享频率高得3分，一般得1分，从未共享过得0分。

3. 资产影响（10分）

高校的主要任务不仅是培养德才兼备的合格人才，还是通过科学研究不断创新生产技术，将产学研相结合，以服务于社会，推动社会经济发展，营造良好的社会氛围。为了提高高校固定资产的影响水平，可以从主体满意度（5分）和同行认可度（5分）两个方面进行考核。

主体满意度主要是指高校领导、全校师生对固定资产配置的满意度，非常满意得5分，满意得3分，一般满意得1分，不满意得0分。同行认可度主要是指本校的固定资产管理工作及成就在其他高校的认可度，非常认可得5分，认可得3分，一般认可得1分，不认可得0分。

高校固定资产是国有资产的重要组成部分，是高校持续建设和发展的先决条件和重要的物质基础。固定资产的高效科学使用是高校培养人才，顺利进行教学、科研、生产、行政办公、生活后勤等工作的推动剂和强心针，是衡量高校办学实力的重要标志。科学的绩效评价可以有效指导高校合理运用政府拨款，推动高校改进内部管理，进而规范高校固定资产的科学使用，保证高校固定资产投入效益的不断提高。

第七节　高校财政支出绩效评价管理的研究

按社会功能将高校划入现有事业单位的公共服务类，且根据职责任务、服务对象和资源配置方式，又将高校细化为事业单位的公益二类。教育支出是财政公共支出中最重要的支出，教育支出绩效在很大程度上决定着公共支出绩效。绩效管理是运用绩效评价手段控制成本费用支出，用最小的成本费用取得最大的绩效。绩效管理实际上就是成本费用管理，绩效评价实际上就是对财政成本支出的考核与评价。高校财政支出绩效评价也就是对高校开展教学、科研及其辅助活动发生的资金耗费和损失，以及用于基本建设项目的开支进行定性和定量的综合分析评价。因此，高校在进行绩效评价前，应全面掌握资金来源及支出分配结构。

一、高校财政支出施行绩效评价的意义

高校作为事业公益类，其财政支出绩效评价是从财政支出经济性、效率性和有效性的总体要求出发，科学、客观、公正地衡量、比较财政支出的行为过程、支出成本及其产生的最终效果，并对其进行综合评估。绩效评价标准要客观，评价方法要求科学和规范，在事前、事中和事后都能多方面控制财政资金。在财政支出的全过程都存在财政支出的绩效评价，需要综合评价财政支出效益、管理水平和投入风险等方面，充分发挥财政调控功能，提高财政资金安排的科学性，有利于社会经济目标的实现。对高校财政支出进行绩效评价的意义表现在以下两方面。

（一）高校财政支出绩效评价能促进政府财政收支的规范和宏观调控

高校财政支出绩效评价是绩效评价和教育本质属性的统一，既能增加公共支出透明度，又能提高公众对政府的信任度。高校财政支出绩效评价不仅能够反映和控制高校作为受托经济主体在受托责任上的具体履行过程，还能够反映高校受托经济责任履行的最终结果。其次，它是以国家教育政策为导向的，以社会效益为主、经济效益为辅，有利于重点项目建设的实施，能够及时提供有

价值的信息，促进项目管理，并加大财政执法力度和监督约束力，正确引导和规范财政资金监督与管理，大大提高财政资金使用效益。政府和公众可借此获取有效的信息，有效规避政府决策者的投资风险和短期行为，节约财政资金，缓解供求矛盾，促进资源的有效配置。

（二）高校财政支出绩效评价能控制高校增加不合理的债务规模

《国家中长期教育改革和发展规划纲要（2010—2020年）》指出，要加强经费使用监督，避免经费浪费，提高经费使用效益。因此，通过绩效评价能提高资产专业化管理水平，充分利用高校闲置资源，控制高校增加不合理债务规模，提高高校收入水平。

二、高校财政支出绩效评价管理的现状

我国高校的财政支出绩效评价工作虽取得一些成效，但还处于实践和探索阶段，高校预算工作的重心逐渐由怎样"分钱"转向怎样"用钱"，财政支出工作不再是公共资源的简单再分配，而是初步形成了以支出结果为导向的预算管理模式。但由于绩效评价在我国开展的时间比较短，还有一些需要完善的地方，具体表现为以下两方面。

（一）绩效管理等于绩效考核

大多数部门及项目管理负责人对绩效评价不了解，对绩效管理的意义认识不清，尤其是对"效"的理解不够，还停留在按计划完成任务上。评价结果仅仅停留在反映情况、找出问题、完善制度层面，而没有将工作重点放在效益和效果方面。评价结果只作为各有关部门项目建设档案保存，或是成为有关部门加强新上项目管理的借鉴和参考，财政支出绩效评价工作也只是流于形式。

（二）绩效管理过度依赖执行表格流程

由于绩效评价管理工作涉及面广、工作量大、要求高，目前没有建立全国统一的绩效评价法律制度，绩效评价缺乏长效机制，评价指标体系不完善、不科学。大部分地方行业、部门、项目建立的评价指标总的来说过于简单，只追求定量化绩效预算管理。在项目预算中，前期项目论证不科学，在中期又局限于先确定资金再对项目进行论证，而且记录很少，主要采用的指标设置较为粗放，指标权重的确定、指标的计分等也缺乏科学的方法，评价结果可比性不强。同时，目前的高校财政支出绩效评价工作仅仅局限于对项目支出的绩效评价，对基本支出的绩效评价还有空白。

三、完善高校财政支出绩效评价的几点建议

（一）树立正确的高校发展观

笔者认为强化高校财政支出绩效评价体系的编制，目的是实现高校教育目标，将培养人才、科学研究和社会服务三大高校职能有效地纳入高校财政支出绩效评价体系管理中。绩效评价是手段，其根本目的是通过绩效评价引导高校在快速发展的新形势下，合理配置有效资源，科学制定学校发展规划，努力提高资金的使用效益和效率，保障高校教育的快速发展。同时引用企业的投入－产出理论，将高校职能作为编制高校绩效评价指标的直接依据，确保围绕高校职能构建指标体系，从而保证指标体系的相对稳定性。

（二）将预期收益作为编制高校财政支出绩效评价体系的依据

预算支出绩效考评作为高校业绩考核管理工作的重要组成部分，能将绩效与预算有效地结合起来，并依据高校行为和绩效状况安排各项财政预算收支。同时，它强调了管理的责任和义务，关心预算结果的产出和效果，重视对绩效目标任务的考核，通过绩效预算不仅提高了拨付资金的使用效率，而且可以对拨付单位形成良性的激励约束机制。笔者认为，一方面，高校财政支出绩效评价应以绩效预算结果为导向，判断和分析各项支出事项及结构，制订详细的绩效考核步骤，对财政支出绩效考核从数量、质量、成本和时效四方面尽量用定量指标描述，同时结合一定的文字说明分级分档描述；另一方面，高校财政支出绩效评价应重视任务绩效目标的实现，强调成本核算，在部门预算的基础上，建立科学的绩效计量和成本核算指标标准，按职能和项目计划，运用比较方法，通过比较分析绩效目标与实施效果、历史同当期情况、不同部门及地区的同类支出等相关数据，综合评价绩效目标的实现程度。

（三）提高高校财政支出绩效评价的客观真实性

教育事业支出是高校财政支出的主要内容，是编制会计报表的重要依据，其支出内容要根据高校的各项收入总额统筹安排，事业支出也是向外报送和考核高校预算执行情况以及高校事业成果和资金使用情况的重要依据。因此笔者认为在编制支出绩效评价体系时，应严格按照制度规定的列报口径及预算规定的用途与标准，按照支出结构和标准，将事业支出的实际支出数与年初预算数、上年同期数进行定性和定量分析。同时，为了保证会计资料的准确性，在分析中要特别注意事业支出中的"其他"明细科目。切实贯彻国家勤俭节约的原则，

提高资金的使用效率，通过支出数据的分析，找出核算中存在的问题，完善高校的支出核算制度，提出改进的方法和措施，提高财务管理水平。

（四）强调高校财政支出绩效的责任和效率

高校财政支出大致分为教育事业支出、科研事业支出和基本建设支出。通过这三大块支出在经费支出中所占比重，可以对校内经费支出结构进行分析，找出存在的问题，调整支出结构，使之合理化、科学化。一般认为教育事业支出中公用经费的多少及其在教育事业费中的比例高低，可以反映教育事业费的分配是否合理以及教育经费的充裕程度。教育事业费支出结构中的"公用经费"支出是指"办公费""差旅费""会议费"等，教育事业费支出结构中的"业务费"支出是指"专用材料费""印刷费"等，两者之比在一定程度上反映了教育活动的管理成本和教育经费使用效率的高低；科研经费支出则会显示高校的科研项目和成果的多少；基本建设支出中的银行贷款利息支出可以分析高校的长期负债状况，及该校教学和科研事业的运转状况。因此，笔者认为支出绩效评价体系除了制定项目指标，还要着手做好日常公用经费和人员经费支出额度指标、师生比率指标，以及银行贷款利息评价指标的制定与跟踪考评。从经费的"开源"和"节流"入手，努力为国家的经济建设和社会发展提供智力和技术支持，同时为稳步提高财政拨款比例提供真实有效的信息。

（五）加强高校财政支出绩效评价管理过程中的辅导环节

绩效辅导是绩效管理过程中的重要环节，为了将绩效评价管理工作落到实处，高校财政支出绩效评价体系的编制还需做好相应的辅导工作。笔者认为高校在编制财政支出绩效评价体系时，应建立和加强对全校教职员工的激励和约束机制。高校编制财政支出绩效评价指标体系应结合全校现实工作条件和环境，规范和激发全校教职员工的工作积极性，设计出可操作性强、简便易行的考核标准。为实现财政绩效评价管理目标，高校应依据财政制度制定校内考核制度，将绩效考核工作与教职员工薪酬考核紧密联系。

（六）采用综合绩效评价法和平衡计分卡绩效评价法

财政支出按不同的分类标准有多种分类方法，为了便于开展评价工作，这些大类可以再细分，但要根据评价工作的具体情况。这样既可以与财政日常管理的习惯相适应，又便于基础数据的收集。一般情况下，收益/成本的比例表示评价财政支出的经济效益指标。但根据不同的效益指标，收益和成本的具体内容又不相同。笔者认为，利用综合绩效评价法，高校应确定财政资金产出效益指标和财政资金利用效率指标。高校经费支出绩效整体评价＝（财政资金产出效益）＋（财政资金利用效率）＝0.5×（0.2×财政性教育事业费生均拨款数＋0.25×毕业生就业率＋0.3×教师人均科研数＋0.25×科研成果应用转化率）＋0.5×（0.3×师生比＋0.4×专职教师占全校教职员工比例＋0.3×业务及购置费占公用经费比例），根据绩效定量结果，再结合专家评议的方式，对校内一定期间的管理水平进行定性分析和综合评价，包括分析报告、评价结果计分表、问卷调查结果分析、专家咨询报告、评价基础数据及调整情况。平衡计分卡以财政拨款数为导向，通过银行贷款、公用经费支出、奖助金支出和科研经费支出四个方面全面掌握和评价高校自身综合业绩。

　　《事业单位财务规则》及相关文件的颁布，充分说明了事业单位改革发展的重要性和紧迫性。为了公益服务供给充足、供给方式多样化、合理配置资源、提供优质高效的服务，财政需完善和加强对公益事业发展的支持力度。高校开展财政支出绩效管理是公共管理改革的方向之一，也是政府建立高效、透明服务的重要举措；是财政借用企业管理方法的一种特殊管理活动，它是运用科学的评价方法对财政支出的全过程进行相关分析，并将考评结果融入整个预算编制，从而对财政资金进行经济、高效的分配和使用，以便提高政府管理效率、资金使用效益和公共服务水平。完善高校财政支出绩效评价管理有以下两个必要性。其一，高校财政支出绩效管理能协助政府利用绩效信息，进行资源配置和安排。2012年财政部在高校财务制度的修订中明确指出：应根据设定的财政绩效目标，科学合理地运用财政绩效评价指标、评价标准和评价方法，客观、公正地评价财政支出的经济性、效率性和效益性。在当今国内外各国政府行政管理改革中，事实证明能实现财政对整个公共服务进行合理高效的管理。其二，高校财政支出绩效管理能使政府与高校通过支出绩效考核互相沟通与反馈。教育事业支出的规模有赖于教育事业收入的规模，根据高校的办学定位和发展目标，高校为了争取政府对高校更大的支持力度，应切实履行政府公开透明的公共财政职能。高校应通过绩效评价等方法找出影响高校发展和建设的不利因素，加强校园的基本建设，提高教师资源的有效利用和资源的合理配置，减少不必要的人员经费开支，保证自身办学条件的改善，结合社会资源，整合科学资源和科研力量，顺应社会经济发展的趋势，将学科做到特色化、科学化和精细化，促进科研成果的经济效益转型，提升高校自身的发展能力，并实现政府支持社会经济的最终目标。

第五章　科学方法在高校财务绩效评价中的应用

第一节　数据包络分析法在高校财务绩效评价中的应用

高校财务管理内外环境的变化让财务绩效评价不仅成为可能，而且成为高校财务管理必须推进的工作。财务绩效评价是运用科学、规范的绩效评价方法，按照一定的评价标准，参照绩效的内在原则，对高校财务行为过程及结果进行客观、公正、科学的综合评价和衡量比较。高校财务绩效评价已成为高校财务管理的主要内容之一，对财务管理工作的促进和完善起着重要作用。数据包络分析法通过客观地反映高校办学活动的输入、输出，兼具考虑所选择指标的可采集性等约束条件，并且采用相对最优的权重确定方法反映财务绩效大小，蕴含着经济学的生产力观点，满足了财务绩效评价的科学性。

随着我国高校管理模式、财务职能、筹资方式的快速发展，高校经费来源趋于多元化，资金量快速增长，高校已经越来越注重资金的使用绩效和社会效益。为了科学、公正、客观地衡量、比较和综合评价高校财务行为的过程及结果，必须积极推进高校财务绩效评价工作，实现高校财务信息化管理。通过绩效评价，合理分配教育资源，提高资源利用率，优化支出结构，规范资金使用；通过客观评价高校财务全貌，加强财务管理，避免财务风险，降低财务损失。数据包络分析法是一种用于多产出组织的最优绩效评估的分析技术，建立在数学规划的思想基础上，通过建立线性规划模型来比较决策单元之间的相对效率，对决策单元进行客观评价。决策单元的输入数据和输出数据是评价的依据。输入数据是决策单元在某项活动中需要耗费的某些资源，如人力投入、财力投入、物力投入等；输出数据是指经过一定的生产过程所转化为决策单元某些产出成果的信息量，如人才培养、科学研究、社会服务等。为此，充分发挥数据包络分析法的优点，用数据包络分析法对高校的办学效率进行评价，揭示高校投入产出效率问题，在此基础之上指出效率低下的原因，有利于高校决策者和管理者改善管理，挖掘高等教育的资源利用潜力，积极建设节约型学校，大力提高办学效益。

一、高校绩效评价管理的现实诉求

如何针对高校的投入与产出进行绩效评价，找到制约高校发展的关键因素，有针对性地提出解决问题的对策，提高应用效益，已成为当前我国高校绩效评价管理研究的核心问题。然而当前对于高校绩效评价，国内外都处于探索阶段。对高校绩效进行评价比较困难的原因在于，一方面在这一领域至今仍然没有成熟的理论指导和合适的评价办法，另一方面由于高校绩效属于多投入、多产出的问题，它的产出用量化指标不易衡量，所以高校绩效评价已经成为大家相当关注且十分紧迫的课题。因此，我们在建立高校绩效评价体系时应考虑以下几个方面。

（一）实现校际的稀缺资源合理配置

在我国，教育发展中面临的主要问题是教育资源的短缺和不足。由于受到教育投入规模、教育单位成本与教师供给等限制，高等教育的资源相对稀缺。面对国家总资源有限的情况，要化解教育资源稀缺和教育需求膨胀之间的矛盾，不仅要尽可能地为教育多争取资金，力争提高高等教育资源的有效供给，更重要的是实现教育资源的合理配置。

高等教育资源配置，是指社会对高等教育投入的人力、物力和财力在各个方面的分配。它可以分为两个层次：一是宏观层次的配置，即总体教育资源如何分配给不同的高校和地区，主要是通过高等教育管理的体制改革、高校布局和数量的调整、对教育投资的渠道拓宽等手段进行；二是微观层次的配置，即在既定高等教育资源分配的情况下，地区或高校如何组织和利用这些资源。高等教育资源宏观层次的配置目标在于合理分配总体教育资源，让它流向最适宜的地区及高校，借此获取资源流向的最大效益；而高等教育资源微观层次的配置目标侧重于提高高校资源的利用率，让相对的投入能产出数量更多、质量更高、结构更合理的人才，以此取得资源利用的最大效益。

在相当长的一段时期，我国高等教育资源的运作方式是相对粗放型的，这使得教育资源没有得到充分、合理的配置和利用，资源整体的产出效率低。通过改革教育资源的配置，让资源流向经济效益最好的地区和高校，在校与校之间进行评比，并将结果作为高校教育资源在校际分配的依据，让政府对有限的教育资源的配置决策更为科学，这样可以为国家教育资源配置的宏观调控提供依据，并且起到政策导向的作用。

（二）实现教育资源的提供主体多元化

高等教育产品具有社会性，这决定了教育资源提供主体的多元化趋势。世界各国都在强调政府为主，并且力争带动个人、企业和社会共同承担。我国高等教育资源来源逐步多样化，但相对于其他国家高等教育的负担结构来说，我国高等教育对国家财政拨款的依赖程度依然很高，个人及企业对高等教育资源的负担还是相对不足。这些负担不但不符合高校这种非义务教育的特性，而且造成了政府对高校的过多干涉和管理的僵化，与此同时也使得高校投资来源因为缺少个人和企业的支持显得日益不足，高校资源的使用效率低下。在新的时期，需要改革高校经费的拨款模式，促使我国高等教育的拨款模式能够更好地体现透明、公平和效率原则，进而提高资源配置的效益，实现高等教育资源的合理配置。这对我们提出了进一步的要求，建立和完善高校财务绩效评价体系，力争在客观公正的评价基础上，研究拨款额和绩效的关系，充分实现高校资源分配的合理化，实现公平、效率、效益等多重指标组合的目标，在总量、结构的发展上保证我国高等教育拥有合理的资源。

高校在市场环境下具备办学自主权，虽然财政性的教育支出占国家财政预算内教育经费的比例与国民生产总值的比例都在不断提高，但这只是部分高校教育经费的来源，还有一部分高校的教育经费源于学生缴纳的学费、社会各界的教育捐赠、高校的创收收入以及银行的贷款融资等。因此，高校筹资的多渠道化和办学的产业化对财务管理提出了更高的要求。

（三）提高高校的办学效益

高校办学的效益问题是高校财务管理的核心问题。高校的经济效益被定义为高校教育要素的投入与投入所得到的各种符合社会需要的教育产出的比值。高校的经济效益与企业的经济效益相似，都是对投入产出关系的反映。但是相对于营利性组织和企业而言，高校在测算它的投入产出上则显得较为模糊。如何正确、合理地反映、衡量高校的投入和产出，是高校办学绩效评估的重要任务，而大部分相关数据都可从财务数据中得到直接或是间接的反映，所以利用财务数据对高校办学效益进行评估具有非常重要的现实意义。

（四）加大国家对高校的审计和管理力度

所有者缺位是我国高校的显著特点。高校的出资人（国家）是高校净资产名义上的所有者，但是国家既不要求偿还其所提供的资产，也未要求获取经济上的利益。高校财务不实行成本核算，不计算损益和盈余分配，财务管理弹性非常大。对企业财务活动来说，如何进行协调其所涉及的不同利益主体是它实现财务管理目标的过程中必须解决的问题，而经营者与所有者之间的关系尤为重要。企业价值的最大化直接反映了企业所有者的利益。对所有者而言，经营者所得利益，正是它所放弃的利益，这种所放弃的利益又被称为经营者的享受成本。对高校来说，国家对它进行投资，则必须对其财务进行管理和审计，否则就会造成投资的所有者缺位，资源缺乏有效的管理和配置。

随着国家对高等教育的投入逐年加大，我国高校办学经费一直是稳步增长的。我们可以根据客观的财务数据，设立科学的财务评价指标，选取有代表性的高校依托财务信息系统进一步进行实时的跟踪和分析，及时、客观地反映高校的运作情况，进而及时发现问题和解决问题，切实提高高校的财务管理水平和高校的办学效益。

二、数据包络分析法在高校财务绩效评价中应用的原因

教育经济学者通过探索列出了多种评价模式和模型，用以计量教育投入和产出，但是教育系统不同于一般的生产系统，它投入和产出的计量都不能被具体量化，尤其是要用数量来表达教育产出中的质量更是十分复杂。因此，利用数据包络分析法对高校的综合绩效进行评价，分析高校的投入产出以及针对地方院校的特点，制定适用于地方院校的绩效评价指标体系，并做实证分析，可以为高校的发展提供决策依据。

三、数据包络分析法用于高校财务绩效评价的优势

针对高校本身的特点，用数据包络分析法评价高校财务绩效具有一定的优势，主要体现在以下几个方面。

①高校系统是一个多目标的复杂系统，有其特有的社会公益性，它涉及的内容具有多输入和多输出的特点，而数据包络分析法对复杂的多输入和多输出结构系统具有适应性。

②在高校相对效率的评估中，产出指的是一定时间内培养出的人才的数量和质量、科研成果以及高校为社会提供的其他服务等，而输入指标是为了获得上述产出所耗用的人、财、物等物资。一般来说，很难定量分析这些评估指标，而且评估指标也不容易做到统一量纲，数据包络分析法则无须考虑量纲同一化的问题。

③高校具有很强的社会公益性，其作为为社会提供服务的机构，不像企业

生产系统一样，可以把利润最大化作为目标，只能考察高校管理者对资源利用的相对有效性，这个相对有效比绝对有效更加具有实际意义。对高校系统来说，追求系统效率最优是不现实的，这种目标只能起到欲速则不达的效果，而系统的满意效率才是可以切实实现的目标。数据包络分析法则提供了这种满意效率，它给出了适合系统发展方向且针对特定系统的现有发展水平可能达到的效率改进目标。

④通过数据包络分析法对高校系统的效率评价结果进行分析，进而了解影响高校所有有效及无效的因素。此外，通过对决策单元的投影分析，可以求得非有效决策单元各指标的调整值，为高校管理者提供决策依据。

综上所述，在高校财务绩效评价中引入数据包络分析法，将有利于引导高校进行规范的管理，合理筹集和分配经费，在保证高等教育质量的前提下，能够使有限的教育投资发挥最大的经济效益和社会效益。数据包络分析法不仅对于高校自身改进办学实践有着重要的指导意义，还能帮助政府有关部门更科学、更准确地进行教育工作，从而促进高等教育事业更加稳定健康地发展。

第二节 基于 BSC + KPI + AHP 的高校绩效评价

本节提出了综合应用 BSC（平衡计分卡）、KPI（关键绩效指标）和 AHP（层次分析法）的绩效评价方法，并以 T 大学为案例进行阐述。首先依据 BSC 将高校战略目标和近期目标分解为四个层面指标，然后利用 KPI 选取具有代表性的关键指标，并利用 AHP 确定相关指标的权重，形成了简单可行的高校绩效评价方法。该方法有效融合三种算法的优点，兼顾评价全面性和实施简洁性，为高校自觉自律地进行全面绩效评价提供了一种简单易行的方法。

在当前形势下，我国高校面临着如何推动一流大学和一流学科（即"双一流"）建设的挑战。因此，将"双一流"建设目标转化成可控、较客观、易于测量的指标及权重、形成公平公正、高效可行的评价方法具有重要意义。绩效评价是国际高等教育评估的大趋势，它作为高校管理体系的基础和核心内容，对高校长远发展具有深远影响。所以要推动高校整体发展和"双一流"建设，设计科学合理的绩效评价方法势在必行。

一、所提方法的构建思路

设计有效的高校绩效评价方法，首先需明确该高校整体发展战略。作为省属高校的 T 大学,其战略目标是"建设特色鲜明的高水平大学"。在目前全国和各省"双一流"建设的大背景下,T 大学的近期目标是"申博"(即申请博士点)。BSC 和 KPI 均为常用的绩效评价方法。BSC 创新地融入多元化的评价指标,评价具有全面性;而 KPI 则强调以少数的具有代表性的指标来反映部分整体的绩效水平,具有实施上的简洁性。AHP 有效地将定性分析与定量分析结合起来,从而实现了多目标决策分析,适用于确定指标权重。

我们构建 T 大学绩效评价方法的思路为:首先,在 T 大学战略目标和近期目标的指引下,根据 BSC 理论,将 T 大学战略目标和近期目标分解为四个层面,即学习与发展层面、内部业务流程层面、客户层面和财务层面;其次,结合 T 大学自身特点,将各层面细分为各个层面指标,然后基于 KPI 理论,选定各个层面的几个具有代表性的 KPI 指标,这样就形成一个绩效评价的层次结构,用底层的关键绩效指标来评价各个层面的运行质量;最后,利用 AHP 计算各层指标的权重,并形成 T 大学的绩效评价方法。上述思路使得 BSC、KPI 和 AHP 三者相辅相成,能够将 T 大学的战略目标和具体实施结合起来,兼顾评价的全面性和实施的简洁性,为 T 大学绩效评价提供了一种结构清晰且简捷有效的方法。

二、基于 BSC + KPI + AHP 的 T 大学绩效评价方法的具体构建

(一)BSC 的学习与发展层面及其 KPI 指标

要实现"申博",T 大学必须加速发展,其推动力就是学习与发展层面。从学校整体发展能力和教师个人发展能力两方面展开,该层面包含学科基础、领军人物数量、教师成长、人才引进四个一级指标,其中学科基础体现了学校整体发展能力,后三者体现了教师个人发展能力。学科基础指标细分为硕士点数量、国家/省级学科平台数量两个二级指标;领军人物数量指标细分为省级以上师德先进个人数量、高端学者人数两个二级指标;教师成长指标细分为平均培训费用、学术会议参加次数、出国访学数量、攻读博士人数四个二级指标;人才引进指标主要就是引进博士教授数量。在二级指标中,硕士点数量、国家/省级学科平台数量、高端学者人数、学术会议参加次数、引进博士教授数量被选为 KPI 指标。

(二)BSC 的内部业务流程层面及其 KPI 指标

高校内部业务是通过教学、科研、服务等一系列活动构成的,故在该层面

设置专业/课程设置、教学资源配置、教学质量保证与监控、内部服务和管理水平、科研水平五个一级指标，前三个体现了教学方面，后两个分别体现管理服务和科研方面。专业/课程设置指标细分为课程先进性与合理性、精品课程数量两个二级指标；教学资源配置指标细分为硬件（教学楼、宿舍、图书馆、机房等）、教育教学经费比例、师生比、教师职称年龄结构四个二级指标；教学质量保证与监控指标细分为重点学科数量、教研活动参与率两个二级指标；内部服务和管理水平指标细分为部门满意度测评、部门协同满意度两个二级指标；科研水平指标细分为科研经费的平均利用率、国家级/省部级科研项目数量、论文或著作发表三个二级指标。在二级指标中，精品课程数量、重点学科数量、国家级/省部级科研项目数量更易量化且更具有代表性，被选为KPI指标；同时，由于现有高校包括T大学的硬件条件都不差，我们考虑的是往往容易有所欠缺的师生比，而且这也是T大学"申博"的重要基础指标之一，故其也是KPI指标；另外，还选择了部门协同满意度作为KPI指标，因为部门协同方面一直是师生抱怨的焦点，这会在很大程度上影响教师的科研积极性，重点处理好资产、采招、财务、科技等部门之间的协同问题，从而解决"采购难"和"报账难"的问题，将有利于激发教师的科研积极性。

（三）BSC的客户层面及其KPI指标

客户层面的核心问题是客户满意度。根据不同客户群体，可划分为学生/家长满意度、用人单位满意度、科研与智力服务对象满意度、上级管理部门满意度和整体满意度五个一级指标。学生/家长满意度指标细分为就业率、新生报到率、第一志愿报考率、学生到课率和转专业率，笔者认为最为直接有效的KPI指标是第一志愿报考率，原因在于这个指标客观准确且易于获取；用人单位满意度指标细分为来校招聘企业层次和数量、校企共建实验室/基地等级数量，前者更具有代表性，因而被选为KPI指标；科研与智力服务对象满意度细分为纵向科研项目数和经费进账额、横向科研项目数和经费进账额，后者更具有动态变化性，被选为KPI指标；上级管理部门满意度细分为教学科研成果获奖和成果转化，前者的数据更容易获取且更为准确，因而被选为KPI指标；整体满意度是社会各方面对学校的一个总体的印象和满意度，细分为学校排名和杰出校友，由于前者数据易获取且较为客观，故被选为KPI指标。

（四）BSC的财务层面及其KPI指标

T大学的发展与财务指标的设置不可分割，财务指标综合性强，能够在一定程度上说明学校整体绩效管理的质量。T大学在财务层面包含总投入、总支出、财务风险、发展能力四个一级指标。总投入指标细分为国家财政投入经费额、学生学费金额（学生数量）、科研项目经费进账额、社会捐款额和合作办学经费进账额五个二级指标；总支出指标细分为重点实验室和重点学科投入、科研型教师薪金占比、设备购置支出占比、学科建设经费支出占比和业务管理费五个二级指标；财务风险指标细分为资产负债率、经费收入与经费支出比率、财务制度规范健全度三个二级指标；发展能力指标细分为发展性支出占比、资本累计率、三年资本积累平均增长率、三年收入平均增长率四个二级指标。在总投入上，国家财政的投入每年相对比较稳定，故选择学生学费金额（学生数量）和科研项目经费进账额这两个具有变化性的指标作为KPI指标，其中根据学生学费金额（学生数量）而计算获得的生均办学经费是"申博"中的一个重要基础指标。另外，经费收入与经费支出比率体现了学校财务的健康程度，科研型教师薪金占比和发展性支出占比更能体现学校在事关学校核心竞争力方面的投入，这三个二级指标均被选为KPI指标。

（五）基于AHP进行权重确定

T大学绩效评价指标的层次结构确定之后，我们选择数十名资深教授和专家进行问卷调查来确定相关数据，形成成对对比矩阵，应用AHP算法对各个层面的指标权重一致性进行验证，并对不同指标的权重进行简单的排序、计算，最终计算出各个KPI指标层面内权重、BSC层面权重、KPI指标的整体权重。在实际应用中，每个指标的整体权重与该指标的评分值相乘得出该项指标的总体评分，再将所有指标的总体得分相加获得高校的绩效总体得分，得出高校整体的绩效水平。

依据计算后得出的最终的绩效权重结果可知，要实现T大学战略目标，最重要的层面是学习与发展层面，其次是内部业务流程层面，再次是财务层面，最后是客户层面。从现实情况来看，学习与发展层面在四个层面中最切合T大学当前快速发展和提升的需求，是最为重要的；同时，坚实高效的内部业务流程是T大学快速发展，提升实力的基础；由于高校的属性和国家环境因素，T大学的主要财务收入和最大客户即学生群体是比较稳定的，想要实现快速发展和提升是比较困难的。从关键绩效指标来看，客户层面中最为重要的指标是学校排名，内部业务流程中最为重要的指标是国家级/省部级科研项目数量，学习与发展层面最重要的指标是国家/省级学科平台数量，财务层面最重要的指标是科研项目经费进账额。从整体权重来看，国家/省级学科平台数量、高端学者人数、国家级/省部级科研项目数量、重点学科的数量分别排在前四位，这表明这几项指标对 T 大学实现战略目标和近期目标是极为重要的，同时十分切合 T 大学的现实需求。

在目前"双一流"建设的大局面下，高校的绩效评价方法亟待完善，考虑到 T 大学的战略目标和近期目标，通过 BSC、KPI 和 AHP 相结合的方法，构建了较为科学的绩效评价方法，将提升 T 大学的管理水平，促进其近期目标的实现和战略目标的达成。其他同层次省属高校，在具体实践中可参照上述方法，并根据自身实际情况，对学习与发展、内部流程、客户以及财务层面的指标赋予不同的权重，根据评价得分合理安排资源，以达到资源的最佳配置。由于高校绩效评价工作的复杂性，不同高校需要参照相关理论与经验，结合自身情况进行个性化设计，并在实际应用中进行动态调整。

第三节　基于云计算的高校财务绩效动态评价模式

随着大数据、云计算技术的高速发展，在高校财务管理信息化的背景下，建立一个客观系统、规范有效的财务绩效评价体系，便于科学地评价高校教育资源配置情况。本节通过分析高校财务绩效评价现状，阐述云计算对高校财务绩效管理的影响，可促进高校财务绩效管理的标准化，降低高校财务绩效管理的成本，加速高校财务绩效动态评价模式的转变，进而设计出高校财务绩效评价框架，构建其评价指标体系，提出了基于云计算构建高校财务绩效动态评价模式的新思路，使得高校财务管理从分管层面提升到动态管理与支持决策层面，有助于优化资源配置、提升高校综合能力。

随着国家对高校教育体制改革的不断推进，教育质量得到了不断的提高，高校的投资规模不断扩大，经费也越来越多。因此，财务管理在高校中的地位也逐渐提高，教学资金投入和经济活动的多样化，需要高校建立一个客观、系统、规范、有效的评价体系，科学地评价高校教育资源的使用状况和收益状况。如何更好地配置高校资源，这就要求高校重视财务绩效评价工作，对自身的财务状况和运营情况有深入的了解和掌握。因此，高校需要构建一套合理、完整、严密、动态的绩效评价体系，运用科学的方法和管理手段对财务状况进行分析和管理。

一、云计算与高校财务绩效评价的理论基础

（一）云计算概述

美国国家标准与技术研究院对云计算的定义为："所谓云计算是将一种允许用户使用可靠便捷的、到处都能获取得到的、按照用户需求来获得的网络接入到一个涵盖了网络设备、服务器、存储、应用等可动态配置的计算机资源共享池（其中包括网络设备、服务器、存储、应用以及业务），并且以最小的管理代价或者业务提供者交互复杂度即可实现这些可配置计算资源的快速发放与发布。"云计算作为新一代计算模式的发展方向，不但能提供便捷快速的弹性伸缩服务，还能降低资源使用成本，进行大规模数据处理、挖掘工作。随着云计算信息技术的高速发展，大数据、物联网等新兴技术逐步扩大应用，给高校财务信息化工作带来了机遇，也为高校财务绩效评价提供了创新的技术。

（二）高校财务绩效评价概述

财务绩效评价是会计主体以各类财务指标为前提对本单位的财务状况、经营成果进行整体的科学考量和解析，并将评价分析得出的结论和计划进行比较，以此作为衡量经营现状优劣的评判标准，对财务状况和经营方向能起到一定的预测效果。高校财务绩效评价建立在经济学、财务管理学的理论基础之上，结合高校实际的财务状况，运用规范、科学的方法，按照绩效的评价标准来反映高校教育资金的投入使用效率、产出效益和社会效果，是对高校财务管理活动的过程和结果系统、客观、公正地衡量、比较和综合的评价。然而要做好高校的财务绩效评价的工作，除了兼顾科学性、可比性、标准化地选取可操作性评价指标，还需要动态跟踪、及时地获取评价信息来完善高校财务绩效评价体系，才能使高校发展和经营环境、社会经济协调一致。

在我国，高校财务绩效评价还处于发展阶段。很多高校都非常重视财务管理，却较少注重绩效管理，认为绩效评价只是对财务管理的事后总结与评估，没有正确地认识绩效评价在管理过程中的引导、分析、预测、决策功能。一直以来，很多高校财务绩效评价重视资金投入却不重视效益、重视资源分配却忽略了评价监督，造成高校在日常的运转中出现了教育资源配置不合理、有效利用率低、教育支出不均衡等一系列问题。

高校财务绩效评价还存在以下一些问题：①评价对象不清晰，目标不明确。在高校财务绩效评价中，高等教育的投入、产出与效益等是高校财务绩效评价的主要内容。很多高校绩效评价没有明确以战略目标为核心并为之服务的绩效

目标，因而没有树立评价的方向，在评价对象上含糊不清，没有细化评价客体，评价效率较低，得不到真实客观的评价结果。②财务绩效评价体系不完善。财务绩效评价体系是由评价机制、评价指标、评价标准、评价方法四个部分组成的。大多高校的财务绩效评价制度、激励机制等还未健全，缺少综合性、规范性和科学性，没有起到绩效管理的推动作用。绩效评价指标不能充分合理地体现全面财务管理水平，也没有考虑到一些非财务指标要素。没有兼顾定性指标与定量指标，指标口径不统一，评价标准不统一，在绩效评价过程中无法执行数据对接；评价方法不恰当，没有兼顾实操性与计量的规范性。③缺乏有效的财务绩效评价监督机制。部分高校进行财务绩效评价时忽略了监督机制的建设，无法形成一个良好的制度环境和组织环境。正因为缺乏一个系统的管理监控体系，导致财务管理制度和监督机制不健全，容易在财务绩效评价过程中出现较大的漏洞。脱离了绩效管理核心，内部监督控制也无法满足高校财务绩效评价的实际需求，不利于及时反馈和纠正评价结果，对财务绩效水平的提升也有所影响。因此需要建立一套完善的财务绩效评价体系，才能对高校绩效评价进行全面的管理。

二、云计算对高校财务绩效管理的影响

（一）促进了高校财务绩效管理的标准化

目前，许多高校均建立了校园局域网，同时引进了各种部门管理系统，如教务处的教学管理系统、人事处的人事信息管理系统、资产处的固定资产管理系统，各自独立，没有统一的数据标准，信息无法沟通交换，造成管理信息不对称，无法共享数据，信息孤岛般的存在使得高校财务信息化建设遇到重重障碍，高校财务绩效管理也无法准确衡量。在高校云计算中，不同部门的业务系统可以共用一个大的资源池，资源池容量可适时调整，还可以对资源进行实时的合理分配，提高资源利用率，实现绿色计算。因此，云计算可以通过高校财务信息门户系统集成整合，挖掘获取潜在的有用数据。由于信息使用的部门及人员是动态变化的，所以这一切通过"云"实现，对标准化的数据进行统一灵活运用，既降低了管理部门协同的复杂度，又加快了财务绩效数据的标准化进程。

（二）降低了高校财务绩效管理的成本

虽然大部分高校都进行财务信息化的改革，摒弃了手工会计，但从会计电

算化发展到今天,各高校都通过局域网配备服务器、交换机、工作站等设施,自行开发高校财务软件或选择外购专业财务软件进行财务管理,使得维护运行、更新改造费用增加,大大增加了财务信息化管理的成本。云计算运营商将提供几十万台的服务器,为云计算提供强大的支撑平台,足以适应高校的业务量增长和工作需要,同时可以减轻高校经济负担、降低经济风险。通过SAAS(软件即服务)模式或PAAS(平台即服务)模式租用其平台或云,高校可减少重复购置成本,缩减开发运行周期,减少运维费用,节约人力成本和管理成本,降低高校财务绩效管理的资金成本和时间成本。

(三)加速了高校财务绩效动态评价模式的转变

目前许多高校财务绩效核算数据主要源于财务管理系统,而财务核算信息要比业务信息滞后,导致高校财务绩效评价没有及时客观地体现其财务现状与经济效益,因此无法准确地反映高校财务管理水平,更不能为高校发展提供快速有效的决策支持方案。而云计算与财务管理信息化的结合,可以把数据传感体系、智能识别体系等新技术融入财务平台,使电子发票、增值税发票、合同等实现原始单据无纸化处理,会计档案电子化存储,教学设备、资产使用状况、校企产业收益等信息流均可以同时获取,能够从云端动态计算评价高校财务绩效水平,从而在不同的绩效周期仍然可以评价、监督,进行动态有效的资源配置,满足了高校财务管理的需求,推动了高校财务绩效动态评价模式的转变。

三、基于云计算的高校财务绩效动态评价模式建设

基于云计算构建高校绩效评价体系的核心是将高校财务绩效与其战略目标紧密联系,设计适合高校的综合财务绩效评价框架,结合高校特色的财务指标信息和非财务指标信息,构建完整、规范的高校财务绩效评价指标体系,利用云计算技术建立一种新型的高校财务绩效动态评价模式。

(一)高校财务绩效评价框架设计

高校财务绩效评价框架是由与高校财务绩效评价相关的要素构成的结构化数据与非结构化数据相辅相成的有机整体,为了更好地开展财务绩效评价工作、提供更优的绩效管理,其意义在于通过相关财务绩效指标评价监测节约教学投入成本、提高高校资源利用率,实现高校战略目标。而设计最优的高校财务绩效评价框架,是财务绩效评价体系建设的首要工作,是改进财务支持决策、提高高校资源配置服务社会的重要一步。因此,围绕高校财务管理的工作职能和

任务，根据预算、资金运营、资源优化配置、综合实力、短期效益及高校远期发展等，高校须以战略为导向从预算绩效、资源配置、综合绩效、发展潜力四个维度评价其财务绩效，设计高校财务绩效评价框架，从而指导下一步的高校财务绩效评价指标体系建设。

（二）构建高校财务绩效评价指标体系

在设计完高校财务绩效评价框架后，高校必须根据框架的预算绩效、资源配置、综合绩效、发展潜力四个维度分解绩效评价的目标和建立合理有效的具体指标，并且建立一套相对完整、规范的高校绩效评价制度和指标计算方法，明确指出绩效评价的对象、内容、分值和权重，从而正确计算其财务绩效评价结果。在构建财务绩效评价体系时，高校要遵循层次性和整体性、长期目标与短期效益相结合、定性指标与定量指标相辅相成、可比性与操作性相协调原则，使得评价指标客观、公正、科学、系统地反映其财务管理现状，满足财务资源有效配置的要求。高校实行的财务绩效评价主要是考核教育资源使用的科学性和规范性、资金的投入和产出比例是否合理、能否达到预期效果、是否符合高校的发展。所以，建立一套严谨的高校财务绩效评价体系不仅可以提高教育经费的使用效率、优化教育资源的合理配置、形成一种以绩效为核心的观念，而且有利于形成更科学的预算方案，使资金的分配和使用得到有效控制，进一步降低成本。

（三）基于云计算的高校财务绩效动态评价管理流程

大数据时代，高校财务管理信息化以会计管理信息系统为基础、云计算管理为核心，将计算任务分布在大量计算机构成的资源池上，使各种应用系统能按需获取计算力、信息决策资源。基于云计算的高校财务绩效动态评价模式的必要工作是规划重塑标准化的财务绩效管理流程，提高其财务绩效动态评价的处理能力，优化配置高校人、财、物等各项资源，充分实现财务管理从会计核算型向决策服务型过渡，促进高校管理规范化。基于云计算的高校财务绩效动态评价管理流程设计如下：绩效管理目标制定→业务数据流采集与加工→应用数据指标评价与分析→动态绩效预警与监督。

1. 绩效管理目标制定

高校要进行长效教育机制改革、实现财务管理职能，就必须发挥高校绩效评价的导向作用，制定合理适当的绩效管理目标，实现绩效管理流程的全程掌控，提高财务绩效评价的效率，逐步形成以绩效为导向的资源分配方式，优化教学投入产出比率。绩效管理目标制定通过先进的云计算管理模式，利用虚拟化技术将各种内外部数据整合到一起，根据高校的战略目标评估分析、确定当前高校的绩效管理目标，进而科学、合理地完善各指标体系的执行目标，为高校财务绩效评价提供充分的依据，使高校各部门紧密围绕绩效目标展开工作，大大提高高校管理效能。

2. 业务数据流采集与加工

高校可以通过云计算 SAAS 或 PAAS 模式扩大财务信息的采集与储存，对高校财务系统、资产管理系统、教务管理系统等相关业务部门的信息进行加工，做到财务信息与非财务信息相结合、内部信息与外部信息相结合，将各种业务数据流进行融合与关联分析，实现数出一门、统一口径、资源共享，拓宽价值流、业务流的路径，为高校财务绩效的实时评价提供基础结构化数据。这种以云计算服务模式为依托、以财务管理资源为核心，利用专业的系统模块，实现了跨平台免安装。突破个体界限，整合高校资源，建立完善公共数据平台，克服了绩效评价的数据对接问题，兼顾了实操性和计量的规范性、可比性，实现了各单位部门的实时沟通、协调与信息共享。

3. 应用数据指标评价与分析

云计算技术下，高校结构化数据与非结构化数据的应用处理更加智能化、动态化和自动化，使得财务绩效评价应用指标的数据挖掘更加容易。它可以根据给定的目标从海量数据中挖取潜在的、有用的信息，并容易被人理解，以可视化的模式充分展现出来，并提供庞大的信息分析功能。云计算平台会将第二流程的业务数据按高校财务绩效体系分配给指标计算资源池，分别计算 4 个一级指标、10 个二级指标、33 个三级指标的结果，并且按照各指标的四个维度取值与权重进行计算，得出最后的绩效评价结果；在对绩效评价结果全方位评估分析后，提供完整的、高质量的财务报告及信息使用者所需的不同财务决策方案。在云计算环境下，利用财务绩效评价指标分析其绩效管理的实时变化，在绩效指标较低、目标未达到或绩效指标过高、超出目标过多的情况下，高校可通过分析原因和参考决策方案来适当调整，指导高校的绩效管理和科学管理各部门业绩。

4. 动态绩效预警与监督

综合应用云计算的高校动态财务绩效评价模式是一个系统的管理监控体系，它可以按照使用者的不同要求自选查询口径随时生成财务报表。云计算的可扩展服务可减少信息使用成本、提高信息披露质量，有利于监管者及时获得高校财务数据反馈，加强财务绩效管理，大大提高了业务信息的时效性，实现了财务信息的动态核算，突破了信息传递迟滞的瓶颈，避免了人工主观因素的干扰，保障了高校绩效管理的实效性。一旦财务绩效数据发生异常或与实际执行目标发生偏差，系统就会发出预警信息，提示出错原因，并跟踪后续业绩进展情况，动态、及时地对高校管理各部门的绩效信息进行反映和记录，形成一个良好的内循环监控，有利于绩效考核和激励的组织环境，以此达到加强监督、客观地评价和管理、提高资源效率的目的。

高校基于云计算进行财务绩效动态评价模式建设，能够不受时空和评价主体的主观约束与限制。利用云计算技术，使得采集和加工的各种数据更加标准与专业，评价对象更加精细化。基于云计算的高校财务绩效动态评价模式是新的流程再造，通过共享服务实现数据挖掘，智能化、科学化地对绩效评价管理进行全方位评估分析，从而使得高校财务管理从分管层面提升到动态管理与支持决策层面，优化资源配置，提升高校综合能力，突出其办学特色，有利于促进教育事业的发展。

第四节　BSC 模式下高校二级院系财务管理绩效评价体系构建

二级院系的财务管理是高校财务管理在纵向上的有机组成部分，对其绩效进行评价是提高高校整体财务管理水平、规范资金配置、提高资金使用效率、实现高校战略目标的重要手段，也是校级财务部门对其业务指导和激励奖惩的依据。BSC 由于其根本理念和特点，也适用于高校二级院系财务管理绩效评价，在 BSC 模式下构建评价指标体系具有科学性、合理性。BSC 模式绩效评价体系是动态、开放的体系。BSC 模式绩效评价体系提供了从高校和院系战略目标高度评价二级院系财务管理绩效的视角，提供给院系和高校管理层关于财务管理的沟通工具和平台。

高校内部二级院系是围绕某学科建设的基本教学科研业务单元，其日常工作是高校使命、战略得以实现的重要保障。目前，大部分具备一定规模的高校都实行"集中核算、分级管理"的财务管理模式。二级院系有一定的预算权、经费支出权、资产购置和管理权、绩效工资办法制定权等，一般也设置一定数量的财务人员及主管财务的副院长。目前，很多高校二级院系对财务管理不够重视，二级院系财务人员素质相对较低，财务管理呈现出松散、粗放的特点，存在绩效低下问题。本节阐述了 BSC 应用于二级院系财务管理绩效评价的适用性、优势，分析了基于 BSC 模式的二级院系财务管理绩效评价体系构建的原则，并尝试构建了基于 BSC 模式的二级院系财务管理绩效评价体系并设计了一些具体指标。

一、BSC 应用于二级院系财务管理绩效评价的适用性、优势

（一）二级院系财务管理同样适用于 BSC 理念

BSC 理念是以组织的战略目标为核心，通过学习与发展、内部业务流程、客户以及财务四个层面，将组织的战略目标转化成具体可以评价的量化指标，从而帮助单位实现其战略目标。高校二级院系是高校的内部基层组织，其财务管理活动是一项重要的管理活动。由于高校是事业单位，二级院系进行财务管理不以营利为目的，也没有真正意义上的顾客，而是以高校使命和远景为基本，在国家相关法规制度和高校财务管理制度等框架下对二级院系财务活动进行管理、控制，以满足校级财务部门、校领导、国家上级主管部门的管理要求和院系师生等服务对象的需求，有利于实现高校的使命和战略目标，这与 BSC 理念是基本一致的。

（二）引入 BSC 使绩效评价更全面、系统

业绩计量是 BSC 的核心。对于营利组织，财务维度处于 BSC 的顶层，一般被赋予很高的权重；但是对于非营利性组织，财务绩效不能反映其组织目标，在确定非营利性组织是否成功时，组织目标在 BSC 中处于顶层地位，其次是客户、内部业务流程、学习和发展、财务绩效。高校目前对二级院系财务管理评价过多地重视财务指标的完成，如项目支出进度及支出结构等，对非财务绩效指标重视不足，对内部流程方面的绩效关注较少，对人力资源培育的重视不足。由于 BSC 绩效评价模型的引入，高校二级财务管理绩效评价也可以围绕二级院系财务管理的目标，通过设计四个维度的评价指标来展开，从而使评价更加全面、系统。

（三）BSC 的因果关系链和平衡特点使得绩效评价更科学、合理

精心设计的 BSC 应该通过选择的目标和评价指标描绘组织的战略，应该将从学习与发展维度的绩效动因一直到客户维度的顾客成果改善等指标连在一起，构成一个因果关系链。由于 BSC 追求财务与非财务、外部与内部、长期

与短期、结果与驱动平衡的特点，基于BSC模式设计的绩效评价指标体系不仅比较全面而且更科学合理。BSC的四个维度是基于营利企业而设计和命名的，在设计高校二级院系评价指标体系时也要考虑因果关系链，但是某个维度的具体含义和评价目标要做调整。

二、基于BSC模式的二级院系财务管理绩效评价体系构建原则

（一）有限性原则

基于二级院系的有限职权，在其财务管理职责范围内设计评价目标和指标。

高校二级院系财务管理是高校财务管理工作的纵向组成部分，属于基层财务管理，受校级财务部门的业务指导和监督。"统一领导，集中核算，分级管理"是高校普遍采用的财务管理模式，"统一领导"是指在学校统一领导下，统筹安排和使用资金和资源，在校内统一财经方针政策；"集中核算"是指学校各种财务收支都集中在校级财务部门核算反映；"分级管理"是指下放给院系部分财务管理权，例如涉及日常报销单据和劳务发放信息的收集和初审，根据"财事结合"原则和绩效目标编制上报项目预算，在高校允许的采购权限内进行固定资产采购和后续使用管理，在院系内部制定教职员工个人绩效工资办法等。评价指标的设计要体现院系二级财务管理的基层性特点，要能体现对校级财务部门财务管理的配合性，有利于校级财务部门对其业务评价和指导监督。

（二）定量性、客观性原则

评价指标有定性指标和定量指标。对于定性指标也要尽可能进行量化，多运用一些数量量化的方法，以避免主观上的随意性，使评价更加客观、准确。

（三）重要性原则

卡普兰认为，一个合适的BSC应该包括20个左右的指标。二级院系财务管理涉及很多方面，如果设计过多的指标，超出了评价者的信息和决策处理能力，反而会降低组织业绩。根据BSC四个维度设计指标应有取舍，要重点考察最能有效反映目前高校二级院系财务管理关键绩效的指标，不能面面俱到，但是要反映出重要的指标对二级院系财务管理绩效评价的作用。

三、基于 BSC 模式的二级院系财务管理绩效评价体系构建及指标设计

（一）学习和发展维度

在 BSC 的四个维度中，学习和发展这个维度能在根本上提高二级院系财务管理的绩效，促进其可持续发展。二级院系高水平的财务管理绩效必须关注财务管理人员人力资本投入和创造积极行动的氛围。根据 BSC 的思路，学习与发展维度的具体指标中要有前置指标也要有后置指标。人力资本投入可以设置专业胜任能力得分（通过财务管理人员的数量、学历、职称、工作年限来衡量）、财务管理培训次数、财务管理人员缺勤率、财务管理人员流失率等几个指标。在创造积极行动的氛围方面，可以设置财务管理人员满意度、财务管理人员建议采纳率两个指标。

（二）内部业务流程维度

目前，高校二级院系财务管理流程上出现的主要问题表现为：原始凭证初审问题突出，与校级财务部门的要求有差距，致使院系提交的报账材料退回或修改补充率较高，影响了高校资金支出进度；预算编制合理性、规范性有待改进，不能很好地体现校内预算编制的"财事结合"原则，二级院系提交的预算文本与校级预算评审中心的要求往往有较大差距；预算额度控制弱，执行不够规范，经常发生项目超额度支出需要调整预算的情况；财务岗位设置专职化问题；与校级财务沟通时存在接收到校级财务部门通知后不能及时或充分反馈意见的现象，造成二级院系在执行校级财务管理规定时缺乏统一的理解，影响了执行进度和效果。内部业务流程维度评价从原始凭证管理、预算管理、支出管理、固定资产管理等方面选取指标。

内部业务流程选取的具体指标包括：原始凭证初审合格率、预算文本编制得分、预算调整率、固定资产采购合规率、固定资产利用率、固定资产安全完整率（固定资产盘点数/固定资产账面数×100%）、支出审查监控措施得分、借款平均冲账时间、重要财务信息和重大财务决策公开得分、财务岗位设置是否专职、对校级财务通知的反馈得分。

（三）客户维度

财政拨款是公办高校重要的资金来源，高校是财政资金的受托经营方。从工作所属层级来看，高校二级院系财务管理在高校统一领导下，配合校级财务部门做好财务管理工作。在对二级院系财务管理进行绩效评价时，BSC 客户维

度指标设计应该考虑相关利益者的关键需求及数据可得性。利益相关者包括投入财政性资金和要求资金审计的国家部门、与院系各种非财政资金项目收入有关的外部企事业单位、学校领导层、校级财务部门、院系师生。

客户维度的指标包括：项目计划绩效完成比率、外部审计与学校内审发现的财务管理问题得分、教职员工对财务服务的满意度、学生对财务服务的满意度、教职员工个人绩效工资管理办法与院系战略目标相关性得分。

（四）财务维度

企业财务绩效的衡量可以显示企业的战略及其实施和执行是否对增加企业盈利做出贡献，财务目标通常与获利能力有关。高校二级院系财务管理并不简单注重追求收入目标，而是在高校使命、特色发展战略背景下适度实现收入目标，高校更不能一味追求成本节约。评价二级院系财务管理绩效的一个重要方面是项目预算资金执行情况，执行率与计划相符，说明项目执行情况良好。二级院系财务管理也包含创收管理，创收主要指高校统筹各类项目收入，例如，各类纵向横向课题收入、对外提供技术服务、合作办班取得收入等。高校要加强对各个院系各类项目收入的战略规划，兼顾高校统筹财政资金和各类纵向课题、横向课题、技术服务及办班培班等收入在总体规模和构成比例上符合高校及院系的战略目标，应适当设置反映其创收状况的指标。

财务维度指标包括校级统筹以外各类项目收入的达标率、项目预算支出执行进度的达标率。

基于 BSC 模式的绩效评价体系是动态、开放的体系，随着高校二级财务管理深化推进，二级院系财务管理权责增加，评价指标也要修改、增加。BSC 模式评价指标体系提供了从高校和院系战略目标高度去评价二级院系财务管理绩效的视角，提供给院系和高校管理层关于财务管理更好地为高校战略目标服务的沟通工具和平台，指标设置和数据计算方法需要院系和校级财务管理部门充分沟通和协商确定，这个过程就是高校财务部门和二级院系对财务管理工作的相关环境、制度、流程的审视和梳理。在二级院系目前财务管理松散的客观实际中要"以评促建"，有利于解决目前高校分级财务管理模式下的内控制度建设、预算绩效管理、经济责任制落实、高校特色发展战略等问题。相关制度建设是绩效评价的环境基础，完善的制度和清晰的权责划分可以使绩效评价有据可依。

参考文献

[1] 杨周复, 施建军. 大学财务综合评价研究 [M]. 北京: 中国人民大学出版社, 2002.

[2] 朱志刚. 财政支出绩效评价研究 [M]. 北京: 中国财政经济出版社, 2003.

[3] 王化成, 刘俊勇, 孙薇. 企业业绩评价 [M]. 北京: 中国人民大学出版社, 2004.

[4] 张少春. 政府公共支出绩效考评理论与实践 [M]. 北京: 中国财政经济出版社, 2005.

[5] 张和生, 高天武. 高校财务绩效考核研究 [J]. 市场周刊（理论研究）, 2006（12）.

[6] 张重. 高校财务绩效评价可行性研究 [J]. 湖北民族学院学报（哲学社会科学版）, 2007（1）.

[7] 王科. 浅议高校财务管理新理念 [J]. 甘肃省经济管理干部学院学报, 2005（1）.

[8] 何斌. 高校财政专项经费管理探讨 [J]. 经济师, 2012（6）.

[9] 吴勋, 张晓岚. 高校预算绩效评价探讨 [J]. 财会通讯, 2010（8）.

[10] 李月婷, 李爱琴. 高校财政专项经费管理模式探究——以科研类财政专项为例 [J]. 会计之友, 2011（23）.

[11] 宋秀兰, 何德峰, 孟凡悦. 高校科研项目与绩效考评综合管理系统设计 [J]. 电子设计工程, 2011（19）.

[12] 李现宗, 毕治军, 颜敏. 高校预算管理转型研究 [J]. 会计研究, 2012（12）.

[13] 乔春华, 宋海荣. 论高校预算控制在会计控制中的核心地位 [J]. 会计之友, 2015（14）.

[14] 王阿妮. 构建高校管理会计应用系统的探索 [J]. 商业会计, 2015（5）.

[15] 邬敏燕. 基于"效果导向"的高校预算绩效管理初探 [J]. 教育财会研究,

2013（4）.

　　[16] 史张宇.高校财务绩效评价指标体系构建初探[J].经济研究导刊，2017（9）.

　　[17] 毛杰明.高校财务绩效评价指标体系的构建[J].中外企业家，2017（10）.